中国

2015

外文出版社
FOREIGN LANGUAGES PRESS

2015

古代中国曾经创造出人类历史上最伟大的文明成果，长城、秦始皇兵马俑、故宫……这些都是外国友人耳熟能详的中国古代文明精华。但是，这些都属于昨天，今天的中国正在创造新的辉煌。改革开放 30 多年来，中国人民坚持走中国特色社会主义道路，不仅实现了经济的崛起、政治文明的进步和文化的繁荣，而且正积极探索着未来新的发展模式，实现中国从古至今一直提倡的人与自然的和谐发展。

这本《中国》要告诉您的，正是中国的昨天、今天，还有明天。

如今的中国，正发生着巨大的变化，创造着更大的奇迹。作为世界第二大经济体，中国目前已经成为全球经济复苏的新的推动力量，中国的繁荣昌盛也是世界的福祉。如今的中国，将全面建成小康社会作为新目标，在不懈奋斗中续写新的篇章。如今的中国，正在为实现中华民族伟大复兴的中国梦而努力奋斗。

中国现在所发生的以及未来将要发生的变化，为《中国》这本历经多年广受中外读者好评的读本注入了更新的时代内容。这本中国小百科，以简明的文字，通过大量地图、图表、图片、重要数据，以及丰富多彩的多媒体内容，以多种语言为您提供更具深度、及时更新的中国信息。

《中国》邀请您了解中国、认识中国、感知中国。

前言

目录

北美洲
欧洲
亚洲
非洲
北京
中华人民共和国
大
南极洲

北
美
洲
南
美
洲
洲

基本信息

中华人民共和国位于亚洲大陆的东部、太平洋西岸。陆地面积960万平方公里，仅次于俄罗斯和加拿大，是世界上第三大国。

国名：中华人民共和国

首都：北京

位置：亚洲东部，太平洋西岸

国旗：五星红旗

国徽：五星照耀下的天安门

国歌：《义勇军进行曲》，田汉作词，聂耳作曲

国庆日：10月1日

国家公祭日：12月13日，南京大屠杀死难者国家公祭日

主要语言：汉语

民族：56个

货币：人民币

度量衡：公制

标准时间：北京时间（东八时区）

国旗 国徽 国歌

中华人民共和国国旗

中华人民共和国国歌

义勇军进行曲

田汉 词　　聂耳 曲

起来！
不愿做奴隶的人们！
把我们的血肉，
筑成我们新的长城！
中华民族到了
最危险的时候，
每个人被迫着发出
最后的吼声。
起来！起来！起来！
我们万众一心，
冒着敌人的炮火，前进！
冒着敌人的炮火，前进！
前进！前进！进！

中华人民共和国国徽

中国 2015

01

国土与资源

从空中俯瞰中国，地势像阶梯一样。从平均海拔 4000 米以上的青藏高原，到水深不足 200 米的大陆架浅海区，自西向东四级下降。中国的陆地面积几乎与整个欧洲相等，但是各地的地形地貌和资源禀赋差异大。

●海陆疆域 ●地形地貌 ●水资源 ●气候 ●土地
●动物和植物 ●矿产资源

海陆疆域

陆地面积：
960万平方公里

海域面积：
473万平方公里

南北相距：
约5500公里

东西相距：
约5200公里

陆地边界长度：
2.28万公里

海岸线长度：
约3.2万公里

周边海洋：
渤海、黄海、东海、南海

陆地接壤国家：
东邻朝鲜，北邻蒙古，
东北邻俄罗斯，
西北邻哈萨克斯坦、吉尔吉斯斯坦、
塔吉克斯坦，
西和西南与阿富汗、巴基斯坦、
印度、尼泊尔、不丹相邻，南与缅甸、
老挝和越南相邻

海上相望国家：
韩国、日本、菲律宾、文莱、
马来西亚、印度尼西亚

中国疆域图

俄罗斯
蒙古
人民共和国
北京
黑龙江
朝鲜
韩国
日本
渤海
黄河
黄海
长江
东海
赤尾屿
钓鱼岛
台湾海峡
台湾岛
澎湖列岛
澜沧江
西江
东沙群岛
越南
老挝
泰国
泰国
海南岛
南海
菲律宾

西沙群岛中有七座岛礁紧密相连，渔民形象地统称其为“七连屿”。

中国领土北起漠河以北的黑龙江江心，南到南沙群岛南端的曾母暗沙，南北相距约5500公里；东起黑龙江与乌苏里江汇合处，西到帕米尔高原，东西相距约5200公里。

中国大陆海岸线长约1.8万公里。海岸地势平坦，多优良港湾，且大部分为终年不冻港。中国大陆的东部与南部濒临渤海、黄海、东海和南海。海域面积473万平方公里。渤海为中国的内海，黄海、东海和南海是太平洋的边缘海。

在中国海域上，分布着7600余个岛屿。其中最大为台湾岛，面积3.6万平方公里；其次是海南岛，面积3.4万平方公里。位于台湾岛东北海面上的钓鱼岛、赤尾屿，是中国最东的岛屿。散布在南海上的岛屿、礁、滩总称南海诸岛，为中国最南的岛屿群，依照位置不同称为东沙群岛、西沙群岛、中沙群岛和南沙群岛。2012年设置三沙市，下辖西沙群岛、南沙群岛、中沙群岛的岛礁及其海域。三沙市也是中国最南端的城市。

钓鱼岛

钓鱼岛是位于中国东海钓鱼岛列岛的主岛，距温州市约356公里、福州市约385公里、基隆市约190公里，面积4.3838平方公里，周围海域面积约为17万平方公里，被誉为“深海中的翡翠”。在明代的若干文献中，比如永乐元年（公元1403年）的《顺丰相送》、嘉靖十一年（公元1532年）的《使琉球录》，以及郑若曾等人编著的《筹海图册》，都清晰地记载了钓鱼岛是中国的领土。

地形地貌

盆地

中国有四大盆地

塔里木盆地：中国最大的盆地，位于新疆维吾尔自治区境内。

准噶尔盆地：位于新疆维吾尔自治区境内。

柴达木盆地：中国海拔最高的盆地，位于青海省境内。

四川盆地：中国最湿润的盆地，位于四川省境内。

山脉

中国平均海拔 6000 米以上的山脉有 9 座，平均海拔 4000 米以上的山脉有 20 多座。其中：喜马拉雅山脉为中国境内最高的山脉，呈弧形分布在中国与印度、尼泊尔等国的边境上。它有 30 多座海拔 7300 米以上的高峰、11 座海拔 8000 米以上的高峰，其主峰珠穆朗玛峰海拔 8844.43 米，是世界最高峰。

高原

中国有四大高原

青藏高原：包括西藏、青海全部及甘肃、云南、四川等省部分地区，是世界上海拔最高的高原，被称为“世界屋脊”。

中国南方丹霞地貌

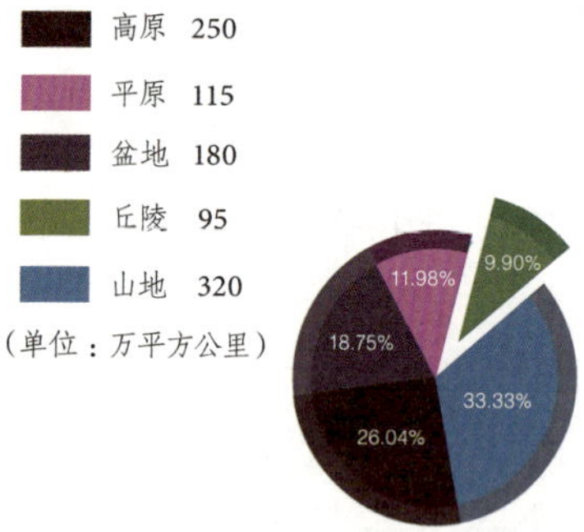

内蒙古高原：位于内蒙古境内，中国天然牧场和沙漠分布地区之一。

黄土高原：包括陕西、山西等六省区的全部或部分地区，世界上黄土覆盖面积最大的高原。

云贵高原：包括云南省东部及贵州省大部，典型的喀斯特地貌。

平原

中国有三大平原

东北平原：面积 35 万多平方公里，中国第一大平原。

华北平原：面积约 30 万平方公里，位于中国腹地。

长江中下游平原：面积约 20 万平方公里，由长江冲积而成。

中国地形图

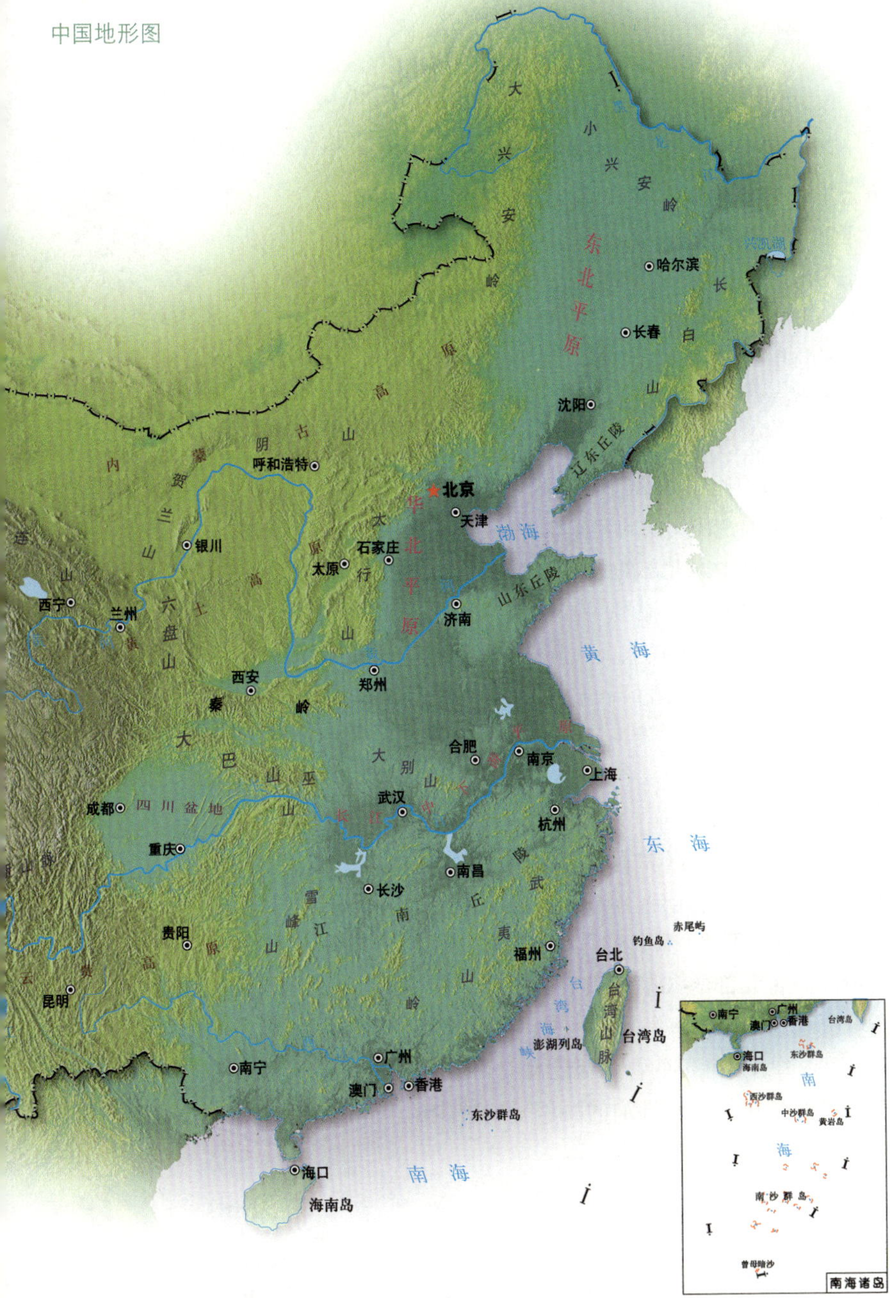
大兴安岭
小兴安岭
东北平原
哈尔滨
长春
长白山
沈阳
辽东丘陵
内蒙古高原
阴山
呼和浩特
贺兰山
银川
北京
天津
渤海
华北平原
太行山
石家庄
太原
黄土高原
山东丘陵
济南
黄海
西宁
兰州
六盘山
西安
郑州
秦岭
大巴山
合肥
南京
上海
大别山
巫山
成都
四川盆地
重庆
武汉
长江
杭州
东海
南昌
长沙
雪峰山
江南丘陵
武夷山
福州
贵阳
云贵高原
昆明
南岭
台北
赤尾屿
钓鱼岛
台湾海峡
台湾山脉
台湾岛
澎湖列岛
南宁
广州
澳门
香港
东沙群岛
海口
海南岛
南海
海南岛
东沙群岛
西沙群岛
中沙群岛
黄岩岛
南沙群岛
曾母暗沙
南海诸岛

水资源

河流

中国境内河流众多，流域面积在 1000 平方公里以上的河流达 1500 余条，水力资源非常丰富，蕴藏量达 6.8 亿千瓦，居世界第一位。由于中国人口众多，人均水资源占有量仅为世界人均占有量的四分之一。

长江是中国第一大河，全长 6300 公里，为世界第三大河。长江是中国东西水上运输的大动脉，天然河道优越。

黄河为中国第二大河，全长 5464 公里，其流域是中国古代文明的发祥地之一。

黑龙江是中国北部的大河，全长 4350 公里，其中有 3101 公里流经中国境内。

珠江为中国南部的大河，全长 2214 公里。

塔里木河是中国最长的内流河，全长 2179 公里。

湖泊

长江中下游地区和青藏高原是中国湖泊最多的两个地区。前者为淡水湖最集中的地区，主要有鄱阳湖、洞庭湖、太湖、洪泽湖等，其中江西省北部的鄱阳湖最大；后者主要分布着咸水湖，有青海湖、纳木错、色林错等，其中以青海省东北部的青海湖最大。不过，由于气候的变化，一些湖泊的面积呈现减少的趋势。

京杭大运河

除天然河流外，中国还有一条世界上开凿最早、最长的人工河——京杭大运河。它始凿于公元前5世纪，北起北京，南抵浙江杭州，沟通海河、黄河、淮河、长江、钱塘江五大水系，全长1801公里。

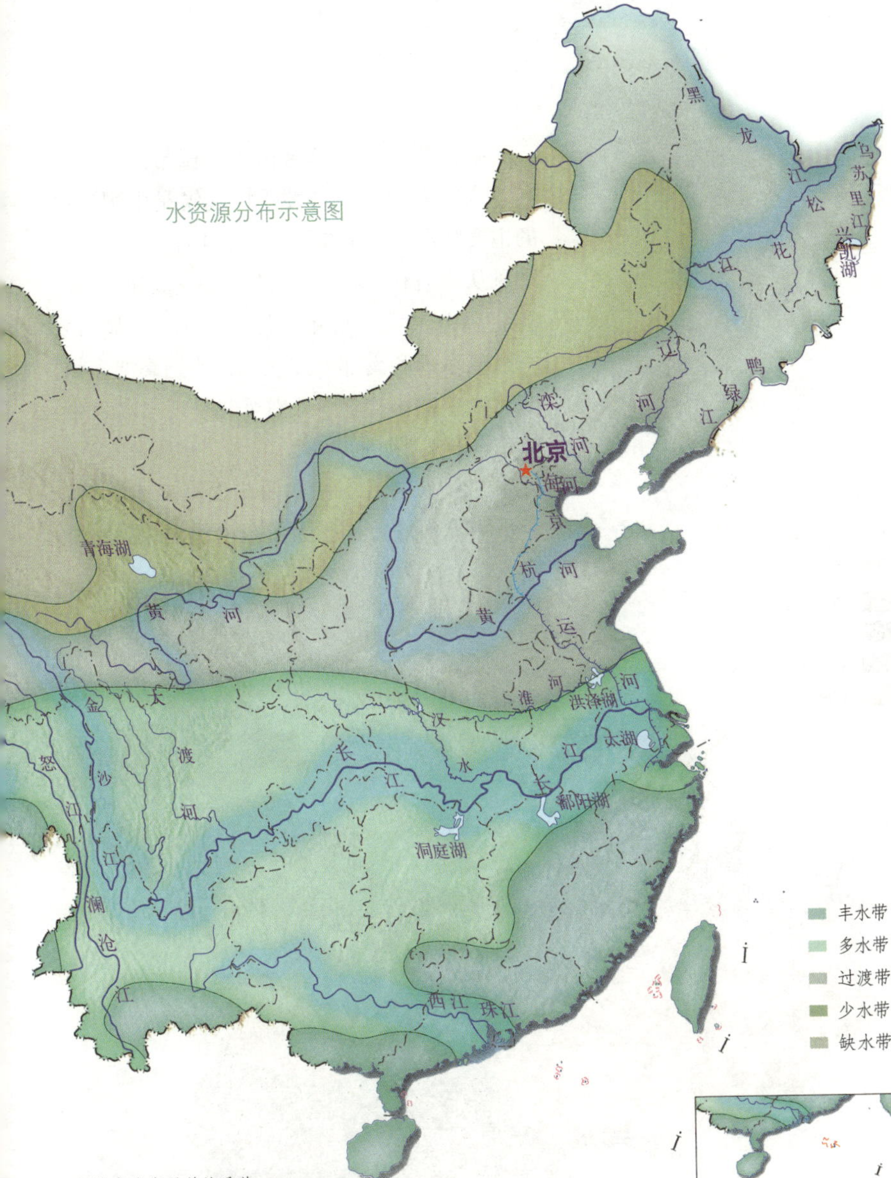

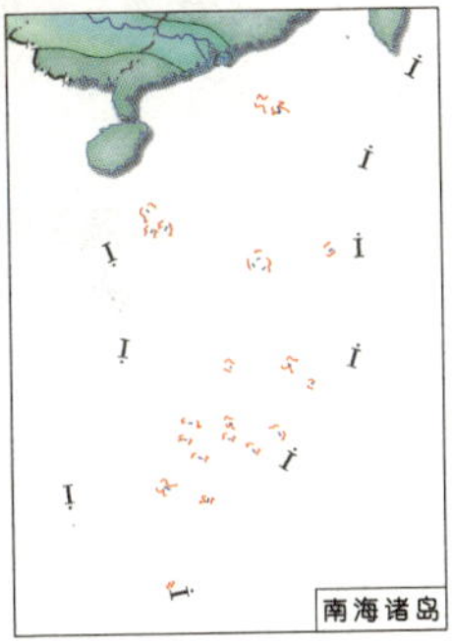

7月是青海湖最美的季节

气候

中国的大部分地区位于北温带，气候温和，四季分明。大陆性季风气候是中国气候的主要特点。每年 9 月至次年 4 月，干寒的冬季风从西伯利亚和蒙古高原吹来，寒冷干燥，南北温差甚大。每年 4 月至 9 月，暖湿的夏季风从东部和南部海洋吹来，普遍高温多雨，南北温差甚小。中国从南至北呈现出赤道带、热带、亚热带、暖温带、温带、寒温带六个温度带；降水量从东南向西北逐渐减少，各地年平均降水量差异很大，东南沿海可达 1500 毫米以上，而西北内陆还不到 200 毫米。

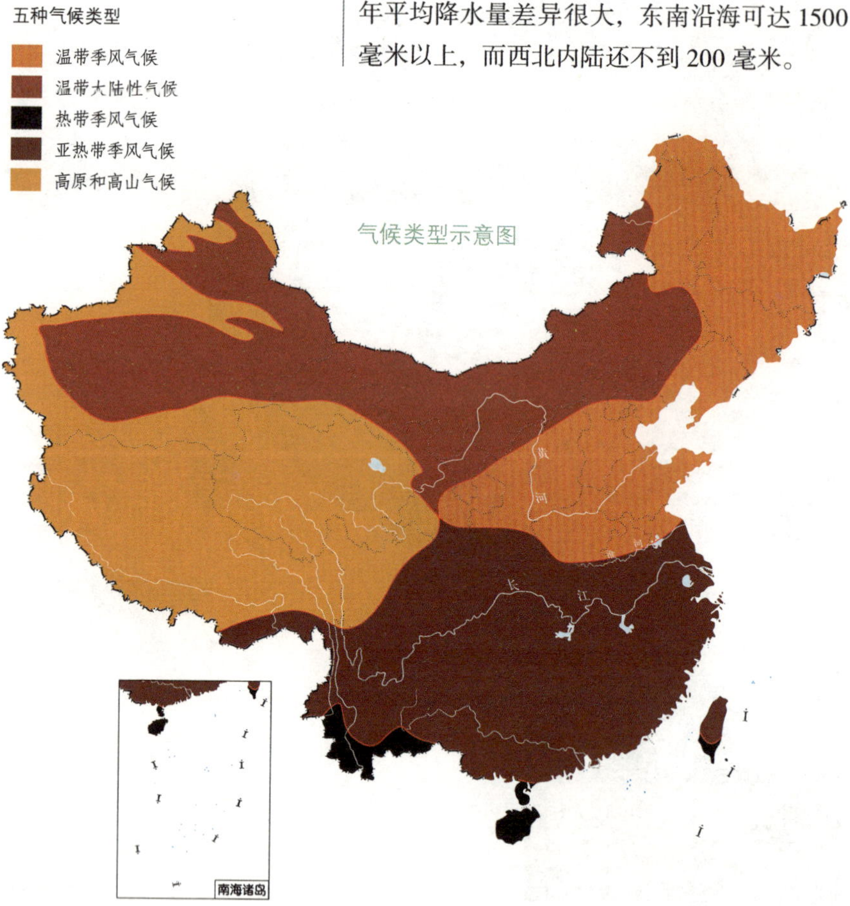

气候类型示意图

薄雾中的广西龙胜县龙脊梯田

土地

中国的土地形态分为耕地、林地、草地、荒漠、滩涂等。耕地主要集中在东部，草原多分布在北部和西部，而森林大都集中在东北和西南边远地区。中国现有耕地约 121.72 万平方公里。草原面积近 400 万平方公里，占国土总面积的 41.7%；森林面积约 208 万平方公里，森林覆盖率 21.63%；中国耕地、森林、草原面积的绝对数量均居世界前列，但按人口平均的相对数量却很少。尤其是耕地，还不足世界人均水平的三分之一。中国耕地的分布是南少北多，水资源的分布情况却是南多北少，比如，小麦、棉花的集中产区——华北平原，耕地面积约占全国的 40%，而水资源只占全国的 6% 左右。水、土资源配合欠佳的状况，进一步加剧了中国北方地区缺水的程度，也制约了农业的发展。

农业区

东北平原、华北平原、长江中下游平原、珠江三角洲和四川盆地是中国的主要农业区。东北平原盛产小麦、玉米、大豆、高粱、亚麻和甜菜。华北平原的农作物有小麦、玉米、谷子和棉花等。长江中下游平原地势低平，河流和湖泊星罗棋布，是中国最大的水稻、淡水鱼产区，素有“鱼米之乡”之称，并且盛产茶叶和桑蚕。被誉为“天府之国”的四川盆地气候暖湿，农作物可四季生长，盛产水稻、油菜和甘蔗。珠江三角洲盛产水稻，每年可收获两到三次。

天然林区

东北地区的大兴安岭、小兴安岭和长白山区，是中国最大的天然林区，遍布针叶林与阔叶林。其次为西南天然林区，该区主要树种有云杉、冷杉、云南松；云南省南部的西双版纳是中国少有的热带阔叶林区，森林植物多达5000余种，有“植物王国”之称。

天然牧场

从东北到西南绵延数千公里的草原带上，分布着多个畜牧业基地。内蒙古草原为中国最大的天然牧场，出产著名的三河牛、三河马和蒙古绵羊。新疆天山南北是中国重要的天然草场和牲畜良种基地，出产著名的伊犁马和新疆细毛羊。

新疆赛里木湖畔的牧场

白鳍豚

大熊猫

麋鹿

动物和植物

中国是世界上野生动植物种类最多、最丰富的国家之一，仅脊椎动物就有6481种，其中陆栖脊椎动物2404种，鱼类3862种，约占世界脊椎动物种类总数的10%；有高等植物3.2万余种，其中木本植物7000多种（含乔木2800余种），食用植物2000余种，药用植物3000多种。北半球寒、温、热各带植被的主要植物，在中国几乎都可以看到。

珙桐

特有动物和植物

中国特有的珍稀野生动物有大熊猫、金丝猴、华南虎、褐马鸡、丹顶鹤、朱鹮、白鳍豚、扬子鳄等百余种。水杉、水松、银杉、杉木、金钱松、台湾杉、福建柏、珙桐、杜仲、喜树等植物为中国所特有。水杉是一种高大乔木，被列为世界古稀名贵植物。金钱松产于长江流域山地，叶子簇生在短枝上，状如铜钱，春夏苍绿，秋天变黄，是世界珍贵庭园树种之一。

红豆杉

植物区域和稀有动物分布示意图

矿产资源

世界上已知的矿产在中国均能找到，且有些储量丰富。目前已发现矿产 172 种，探明储量的有 159 种，20 多种矿的探明储量位居世界前列，钨、锡、锑、稀土、菱镁矿、石墨、重晶石等大约 12 种位居世界第一。其中煤炭基础储量约 2793.9 亿吨，主要分布在华北、西北地区，尤以山西、内蒙古、陕西、新疆最为丰富；铁矿石的基础储量约 222.32 亿吨。

石油、天然气、油页岩等矿产也很丰富。石油主要蕴藏在西北地区，其次为东北、华北地区和东部沿海浅海大陆架。

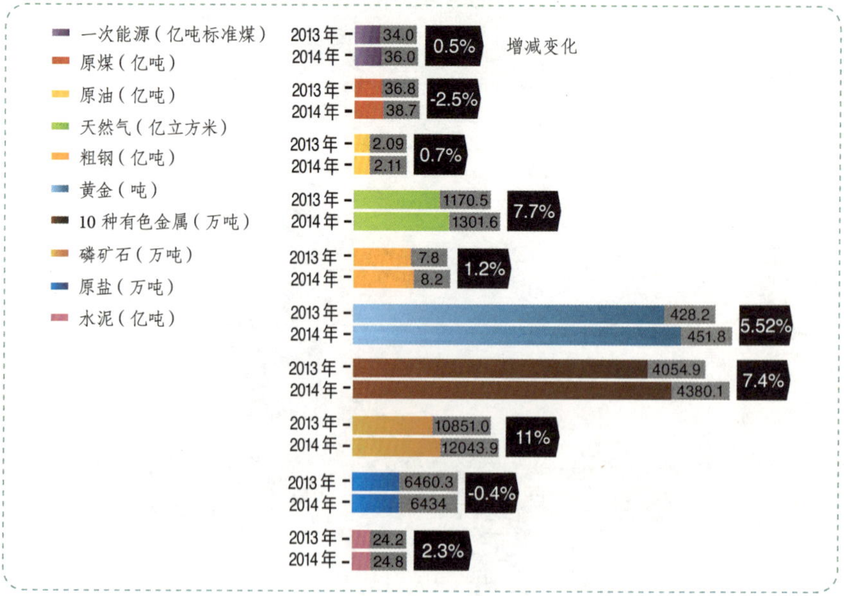

中国主要矿产品产量

矿产分布示意图

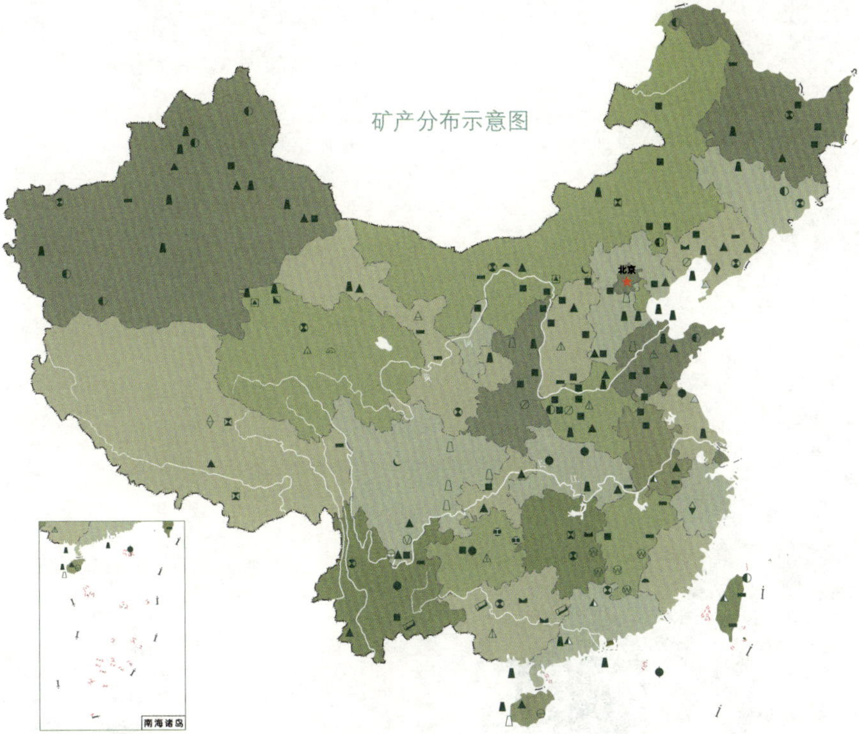

金属矿产

铁　铅　钒　钼
锰　锡　铜　铝
镍　金　银　锑
钨　铬　稀土　汞
镁　铀　锂　钛

非金属矿产

菱镁矿　盐矿　煤
钾盐　磷矿　石油
萤石　硫磺　天然气
云母　石棉
硼　金刚石

中国 2015

02

历史轨迹

从远古的大禹治水到后来的古代四大发明，从嫦娥奔月的传说到中国第一艘载人航天飞船飞行成功，在漫长的历史演进过程中，中国人创造了灿烂的东方文明。巴比伦、埃及等古文明都曾经不幸被战火打断，而中华文明却未曾断裂，并不断发展延续至今。

远古文明

半坡遗址（约前4800～前4300）

位于陕西省西安市东郊灞桥区浐河东岸，是黄河流域一处典型的原始社会母系氏族公社村落遗址，属新石器时代仰韶文化。这是中国首次大规模发掘的一处新石器时代村落遗址。

仰韶村遗址（约前5000～前4000）

位于河南省渑池县。由于以彩绘陶器为特征的文化现象首先在仰韶村发现，故命名为“仰韶文化”。中国已发现上千处仰韶文化遗址。

三星堆遗址（约前3000～前1200）

位于四川广汉南兴镇，是迄今中国西南地区发现范围最大、延续时间最长、文化内涵最丰富的古城、古国、古蜀文化遗址。出土文物中的青铜立人像等青铜器均为传世珍品。

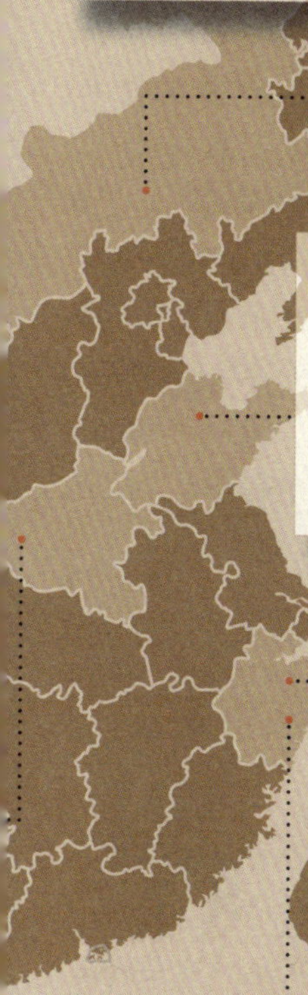

红山遗址（约前4000~前3000）

主要分布在辽宁西部一带，为中国北方新石器时代重要遗存。因最早发现于内蒙古自治区赤峰市郊的红山而得名。

大汶口遗址（约前3500~前2240）

位于山东省泰安市大汶口镇，大量墓葬、房址等遗存及陶、石、玉、骨、牙器等的发掘，记录了大汶口文化发展的全过程。属新石器时代晚期遗址。

河姆渡遗址（约前5000~前3300）

位于浙江余姚河姆渡村，在这里发现了丰富的水稻栽培、大面积木结构建筑等遗迹及动物遗骸。是中国目前发现的最早的新石器时代文化遗址之一。

良渚遗址（约前5300~前4200）

位于浙江余杭良渚镇的新石器时代文化遗址。良渚文化玉器数量之众多、品种之丰富、雕琢之精美，达到了中国史前文化的高峰。

商代青铜鸮尊

古老的文明

中国是世界文明古国之一，有文字可考的历史将近4000年。在距今六七千年的浙江余姚河姆渡遗址和陕西西安半坡遗址，发现了人工栽培的稻谷、粟粒及农耕工具。大约在5000年前，中国人已知道了冶炼铜的技术。4000多年前的夏朝（前2070～前1600）是中国最古老的王朝，3000多年前的商朝（前1600～前1046）开始使用铁器，2000多年前的周朝（前1046～前256）已经出现制钢技术。公元前770～前221年的春秋战国时期，思想学术空前活跃，涌现出一批对后世产生深远影响的著名哲学家，其中有老子、孔子、孟子、韩非子，还有军事学家孙武。

商代玉鹿　明代青花瓷瓶　唐三彩

统一与文明传播

公元前221年，秦始皇嬴政以武力攻灭各诸侯国，结束了几百年的战乱局面，建立了中国历史上第一个统一的、中央集权的多民族封建国家——秦。自此直至1911年，中国共经历了13个大的统一的封建王朝和两个相对稳定的多王朝时期。

在这漫长的岁月里，中国人先后发明了造纸术、印刷术、指南针和火药；农业、手工业和商业日益兴盛，纺织、染色、陶瓷、冶炼等技术十分发达。公元元年左右，汉王朝（前206 ~ 公元220）疏通了从长安（今陕西西安）经新疆、中亚直抵地中海东岸的道路——“丝绸之路”，包括丝织品、瓷器在内的各种产品被源源不断地运往中亚和欧洲。此后，以上的“四大发明”与其他先进的科学文化也陆续被传播到世界各地。

东汉青铜奔马

历时近300年的唐朝（618 ~ 907），把中国封建社会的繁荣昌盛推向到顶峰。7世纪60年代，中国的力量不仅在塔里木盆地、准噶尔盆地、伊犁河流域牢牢扎根，甚至扩展到中亚的许多城邦。中国与日本、朝鲜、印度、波斯、阿拉伯等许多国家建立了广泛的经济和文化联系，海上贸易十分发达。随着造船业的发展，15世纪时的明朝（1368 ~ 1644），中国人郑和率领庞大的船队进行了7次规模巨大的海上远航，途经东南亚各国、印度洋、波斯湾、马尔代夫群岛等30余国，最远到达非洲东海岸的索马里和肯尼亚。

陕西秦始皇陵兵马俑

孙中山

17世纪以后的变迁

17至18世纪，清朝（1644～1911）最著名的皇帝康熙（1654～1722）收复了台湾，遏止了沙俄的扩张，确立了由中央政府最终决定西藏地方领袖的制度。在其统治下，中国疆土面积超过1100万平方公里。但到了19世纪初，清王朝日渐衰败。英国在这一时期向中国大量输入鸦片，并为保护鸦片贸易于1840年对中国发动侵略战争，迫使清政府签订了丧权辱国的《南京条约》。此后，英、美、法、俄、日等国家不断入侵中国，强迫清政府签订各种不平等条约和割地赔款，中国逐渐沦为半殖民地半封建社会。

1911年孙中山领导的辛亥革命，推翻了清王朝近270年的统治，同时也结束了延续2000多年的封建君主制，建立了中华民国，这是中国近代史上最伟大的事件之一。

发生于1919年的五四运动被认为是中国现代历史上许多重大事件的思想源头，它引发了各种新思潮进入中国，其中最为引人注目的是马列主义在中国的传播。1921年，中国共产党诞生。中国共产党在领导中国人民进行新民主主义革命的过程中，经历北伐战争（1924～1927）、土地革命战争（1927～1937）、抗日战争（1931～1945）和全国解放战争（1945～1949）四个历史阶段。抗日战争时期，中国共产党与国民党合作共同抗击侵略者，赢得了抗战胜利。1945年，国民党发动内战，中国共产党经过三年解放战争，于1949年推翻了国民党政府。

1949年10月1日，中华人民共和国成立。建国之初，中国政府成功地在占全国农业人口总数 90% 以上的地区完成了土地改革，三亿农民分到了约 4700 万公顷的土地。1952 年底，基本完成民主革命和国民经济的恢复任务。1953 年至 1957 年实施的第一个国民经济五年计划取得巨大成就，自此，中国政府每五年确定一次经济目标，并实施一个新的五年计划。以 1978 年底的中共十一届三中全会为标志，中国进入了新的历史时期。时任中央领导人的邓小平（1904 ~ 1997）推行“改革开放”政策，把工作重点放到现代化建设上。中国共产党作为执政党，经过 60 多年的奋斗、探索、改革，今天，它已经成功地让一个世界上人口最多的发展中国家呈现出政局稳定、经济发展、人民丰衣足食、外交活跃的局面。

故宫太和殿

历史的轨迹

从中国历史上第一个国家的建立，到今天改革开放的不断推进，中国的变化巨大。这里以时间为线索，对中国历史的进程进行了简要的勾勒。虽然这些只是数千年历史进程中的一瞬，但我们从中不难一窥中国前进的轨迹。

约前2070～前1600
夏

中国历史上的第一个国家——夏朝

中国原始部落社会的更替是禅让制，即在位的部落联盟首领自愿将统治权让给他人，目的是让更贤能的人管理部落事务，黄河流域的三位著名部落领袖尧、舜、禹正是通过这种方式完成了他们之间的权力交接。禹去世之后，他的儿子启自立为王，用世袭制代替了禅让制，建立了中国历史上的第一个国家——夏朝。夏朝统治了400多年，公元前1600年，汤灭夏建商。

前1600～前1046
商

甲骨文

20世纪初，考古学家在河南安阳的商朝都城遗址——殷墟发现了近10万块龟甲和牛骨。这些甲骨上刻有近5000个不同的文字，记载了商王朝祭祀祖先神灵、军事征战、任命官职、建筑城市，以及占卜吉凶等内容。甲骨文是迄今发现最早并可读通的中国文字。

前1046～前256
周

百家争鸣

公元前7世纪到公元前3世纪的400多年间，是中国哲学的经典时代。这一时期产生了中国哲学思想主体的儒家、法家、道家，还有其他诸如兵家、墨家、五行家等数十个思想流派。其中，孔子与他的《论语》、老子与他的《道德经》、孙武与他的《孙子兵法》成为了这一时期的代表。

第一个统一帝国——秦朝

公元前221年，秦王嬴政统一中国，建立秦王朝，自称“始皇帝”。秦始皇统一了文字，统一了度量衡，统一了货币，建立了郡县制度和律令。由他奠定的封建国家框架在以后的2000多年中一直被沿用。他还修筑了抵外敌的长城和通往北方边地的直道，以及他自己的陵墓。由于对管理这样一个庞大的帝国缺乏经验，加上滥用民力、刑法严厉、连年用兵，国力逐渐削弱，秦朝仅仅维持了15年就被汉朝所取代。

第一部纪传体通史

中国第一部通史《史记》，约成书于公元前100年左右，记述了从传说中的黄帝直至公元前122年间的3000年左右的历史，开中国纪传体通史之先河。作者司马迁（约前145～前87）是汉朝的史官。

前206～公元220
汉

前221～前206
秦

张骞出使西域

汉武帝时期是汉朝国力强盛的时期，它进一步开辟了通往西域和欧洲的“丝绸之路”，把帝国推向鼎盛。张骞（？～前114）就是这一时期颇富盛名的外交使臣。公元前138年，他出使大月氏，历经磨难，于公元前126年回到长安。他第二次出使西域是公元前119年，奉汉武帝之命前往乌孙，并派副使出使大宛、安息等地。张骞两次出使西域，加强了中原与西域少数民族的联系，发展了汉朝与中亚各地人民的友好关系，保证了“丝绸之路”的畅通。

造纸术的发明

公元105年，汉朝宦官蔡伦（？～121）用树皮、破鱼网、破布、麻头等为原料，发明了植物纤维纸。这种纸更适合书写，原料来源也更加丰富，成本更为低廉，从而得以在中国乃至在世界范围内普遍推广。

文成公主入藏

隋亡唐兴。641年，唐太宗李世民将宗室女文成公主（625~680）远嫁吐蕃赞普松赞干布（？~650）。文成公主在藏40年，协助松赞干布治理吐蕃，赢得吐蕃民众的敬重，也维护了唐蕃之间的和平局面。她进藏之时，带去大量文人、乐师、农技人员和大批生产工具，后来又从内地引进蚕种、酿酒和造纸等技术，促进了西藏经济、文化的发展。

祖冲之（429~500）

南朝杰出的数学家，在世界数学史上，他第一次将圆周率（π）值计算到小数点后6位，其数学研究成果——《缀术》，被唐朝国学定为课本。他编制的《大明历》，第一次将“岁差”引进历法。

265~420
晋

581~618
隋

220~280
三国

420~589
南北朝

618~907
唐

大运河的开通

汉朝之后，中国经历了三国、魏、晋南北朝时期。这一时期，封建国家分裂，政权交替频繁。此后的隋朝再次统一了中国。

隋朝大运河始建于公元605年，隋炀帝征发几百万人，历时6年，开通了这条纵贯南北的大运河。隋朝大运河是在已有天然河道和古运河基础上开通的，分为永济渠、通济渠、邗沟和江南河四段，以洛阳为中心，北达涿郡，南至余杭，全长2000多公里。它的开通，加强了南北交通，大大促进了中国南北经济的交流。

活字印刷术的发明

宋朝共历16帝，为时300余年。宋朝手工业发展迅速，矿冶、纺织、制瓷、造船、造纸等领域出现了显著的技术革新，活字印刷术就是这一时期的毕昇（？~约1051）发明的。他在黏土制成的一个个小方块上刻单字，再用火烧成陶字。排版时，把陶字放在一个铁盘里，排满为一版；印刷时可以同时排版。印完一版以后，陶字拆下来还可以再用，所以叫做活字。活字印刷被认为是人类印刷史上的一次革命。

1271~1368
元

960~1279
宋

鉴真东渡

唐代高僧鉴真（688~763），14岁出家研习律宗，并应日本僧人之邀，于753年东渡到达日本，在那里讲经、传布律宗，还把中国的建筑、雕塑、绘画、医药等知识传到日本。

元代京杭大运河

推翻宋朝入主中原的元朝，为扩大漕运和加强南北经济、文化的交流，利用天然水道、旧有运河，以及开挖新河，把原来运河截湾取直，修建了从杭州直通北京的京杭大运河，全长1794公里，沟通了海河、黄河、淮河、长江、钱塘江五大水系。

郑和下西洋

1368年，红巾军起义中的领袖朱元璋推翻元朝统治，建立明朝。在两个多世纪中，明代在经济、文化、科技等方面的成就是巨大的。明朝初期，在政府的支持下，太监郑和（1371~1435）于1405~1433年的28年间，曾7次奉命率领庞大船队出使西洋，途经30多国，最远到达非洲东海岸和红海海口，促进了中国与亚非国家的经济交流。

达赖、班禅封号的确立

1653年，清朝顺治皇帝册封达赖五世为"达赖喇嘛"。1713年，康熙皇帝又遣使册封五世班禅为"班禅额尔德尼"。与此同时，清政府还规定以后历世达赖和班禅都必须经过中央政府的册封，这一制度一直沿用到今天。

1644~1911
清

1368~1644
明

郑成功收复台湾

清朝是中国的最后一个封建王朝，1616年由北方的满族人建立，1644年入关，取代了明朝。忠于明朝的郑成功（1624~1662）在中国的东南部组织了一支庞大的海上舰队，与清军对抗。1662年，他率领两万多人、数百艘船舰退往台湾。而此前台湾已被荷兰人入侵占领，把它作为贸易殖民地。郑成功与荷兰军队勇猛作战，收回了台湾及澎湖等岛屿，确立了中国人在那里的主权。1684年，清王朝在台湾设立台湾府，后又建行省，台湾置于清政府管辖之下。

南京条约

1842年8月29日，英国军队兵临南京城下，清朝政府被迫签订了不平等条约《南京条约》。根据该条约，中国除大量的战争赔款之外，还将香港岛割让给英国，并开放五个港口城市作为对外通商口岸。美国、法国、西班牙、意大利等国家纷纷以武力相威胁，获取了同样的特权，中国从此沦为半殖民地。

第一次鸦片战争

从19世纪开始，一些西方国家用鸦片打开了中国的大门。1839年，中国官员林则徐在虎门当众销毁近120万公斤鸦片。1840年6月28日，英国海军舰队借机封锁珠江口，先后攻占了厦门、上海等港口，并沿长江直逼中国内陆，威胁南京。

第二次鸦片战争

1856年到1860年，英法联合舰队在俄、美的支持之下，对中国发动第二次鸦片战争，迫使清政府与英、法、俄、美四国签订了更多的不平等条约。清朝除支付大量的战争赔款之外，还失去了大片国土。被誉为“万园之园”的北京圆明园也被英法联军焚毁。

中法战争

1883年，法国殖民者率先在中越边境挑起战争。第二年，法军进攻谅山的清军，同时攻击台湾和福建的水师，中法战争同时在台湾和越南展开。期间，法军惨败，法国内阁为之倒台。而清政府本来有希望取得胜利，却于1885年主动与法国签订了停战条约《中法新约》，中国不仅损失了东南沿海的一支重要舰队，法国也由此可以长驱直入中国的云南、广西和广州湾。

洋务运动

洋务运动发生在19世纪60年代至90年代中期，是清政府所进行的与西方资本主义有密切联系的军事、政治、经济、文化、外交等方面的活动。主要内容有：开办军事工业和相应企业，建立装备新式武器的陆海军，派遣留学生到欧美等地去学习等。这场运动以求强求富为开始，以最终失败而告终。

甲午战争

1894年（农历甲午年）日本出兵侵略朝鲜和中国，中国军民奋起抗击，中日战争爆发。日军很快控制了朝鲜半岛，又通过黄海海战掌握了制海权，继而分海陆两路进攻中国的东北和山东沿海城市，清朝北洋舰队覆没殆尽，中国战败。1895年，战后双方签订了《马关条约》，中国政府因此背负沉重的外债，半殖民地半封建化程度进一步加深。钓鱼岛是中国固有领土，在甲午战争中也被日本攫取。

辛亥革命

辛亥革命是孙中山领导的中国民主革命。1911年，当清政府准备将全国铁路修筑权转让给外国时，各种力量联合起来，发动了起义，夺取了南方各省的政权。1912 年1月1日，中华民国南京临时政府成立，2月12日，清朝末代皇帝被迫退位，结束了中国2000多年的君主专制，而代之以共和体制。

1912~1949
中华民国

戊戌变法

1898年，康有为（1858~1927）等发起了一场涉及政治、军事、经济、文化等方面的改良运动，他们的理想是依靠清王朝在中国建立君主立宪的政体，实现国家的富强。这场运动遭到清王朝保守派的反对，在持续了100天之后，以一场残酷的屠杀而宣告结束。

五四运动

发生于1919年的五四运动被认为是中国现代历史上许多重大事件的思想源头。其直接起因是第一次世界大战后强加于中国的不平等条款。强烈的爱国主义导致了这场由学生发起，进而发展到全国各主要城市各阶层响应的大罢课、大罢工、大罢市抗议运动。它同时引发各种新思潮进入中国，其中最为引人注目的是马列主义在中国的传播。

抗日战争

1931年至1945年，中国人民奋起抵抗日本帝国主义的侵略，并取得了胜利，史称“抗日战争”。据不完全统计，战争期间，中国军民伤亡3500多万人；按1937年的比值折算，中国直接经济损失1000多亿美元，间接经济损失5000多亿美元，无数珍贵的文化遗存毁于炮火或遗失。

1949～
中华人民共和国

中国共产党的诞生

1921年，毛泽东（1893～1976）等13人代表各地的共产主义小组在上海举行第一次全国代表大会，中国共产党诞生。今天，中国共产党党员总数超过了8500万，是中国社会的中坚力量。毛泽东作为中国共产党和中华人民共和国的创建人之一，一生为中国革命和建设做出了卓越贡献。他是革命家、军事家，又是诗人、书法家。

中华人民共和国成立

1949年10月1日，中华人民共和国举行开国大典，毛泽东主席在天安门庄严宣告：中华人民共和国中央人民政府今天成立了！

改革开放

以1978年底的中共十一届三中全会为标志，中国进入了新的历史时期。时任中央领导人的邓小平（1904~1997）推行“改革开放”政策，把工作重点放到现代化建设上。通过改革经济体制、政治体制、文化体制和对外开放，逐步确立了一条具有中国特色的社会主义现代化建设道路。1992年，中国改革开放的总设计师邓小平发表了“南巡讲话”，对中国后来的经济改革与社会进步起到了关键的推动作用。

1989年江泽民任中共中央总书记，2002年胡锦涛任中共中央总书记。他们继承和发展邓小平倡导的改革开放国策，提出了“三个代表”重要思想和“科学发展观”，使社会在良好的轨道上运转。2012年，习近平当选中共中央总书记。2013年，中共十八届三中全会提出全面深化改革总目标。

第一个五年计划

1953年至1957年实施的第一个国民经济五年计划取得巨大成就：国民收入年均增长率达8.9%以上；建立了一批国家工业化所必需而过去没有的基础工业，包括飞机和汽车制造业、重型和精密机器制造业、发电设备制造业、冶金和矿山设备制造业，以及高级合金钢和有色金属冶炼等。自此，中国政府每五年确定一次经济目标，并实施一个新的五年计划。目前正在实施的是第十二个五年规划（2011~2015）。

港澳回归

1997年7月1日与1999年12月20日，香港和澳门分别回归祖国，并成立了香港特别行政区和澳门特别行政区。中央政府在香港和澳门实行“一国两制”，高度自治的方针。“一国两制”即为：在一个中国的前提下，国家的主体坚持社会主义制度；香港、澳门作为特别行政区保持原有的资本主义制度和生活方式50年不变。

历史朝代简表

朝代			起讫年代
夏			约前 2070 ~ 前 1600
商			前 1600 ~ 前 1046
周 前 1046 ~ 前 256	西周		前 1046 ~ 前 771
	东周		前 770 ~ 前 256
秦			前 221 ~ 前 206
汉 前 206 ~ 公元 220	西汉（包括王莽和更始帝）		前 206 ~ 公元 25
	东汉		25 ~ 220
三国 220 ~ 280	魏		220 ~ 265
	蜀汉		221 ~ 263
	吴		222 ~ 280
晋 265 ~ 420	西晋		265 ~ 317
	东晋		317 ~ 420
南北朝 420 ~ 589	南朝 420 ~ 589	宋	420 ~ 479
		齐	479 ~ 502
		梁	502 ~ 557
		陈	557 ~ 589

朝代			起讫年代
	北朝 386 ~ 581	北魏	386 ~ 534
		东魏	534 ~ 550
		北齐	550 ~ 577
		西魏	535 ~ 556
		北周	557 ~ 581
隋			581 ~ 618
唐			618 ~ 907
五代 907 ~ 960	后梁		907 ~ 923
	后唐		923 ~ 936
	后晋		936 ~ 947
	后汉		947 ~ 950
	后周		951 ~ 960
宋 960 ~ 1279	北宋		960 ~ 1127
	南宋		1127 ~ 1279
辽			907 ~ 1125
金			1115 ~ 1234
元			1271 ~ 1368
明			1368 ~ 1644
清			1644 ~ 1911
中华民国			1912 ~ 1949

中华人民共和国　1949 年 10 月 1 日成立

中国 2015

03

行政区划

中国有 23 个省、5 个自治区、4 个直辖市、两个特别行政区。改革开放以来，伴随着经济的高速发展，城镇化进程不断加快，积极稳妥地推进城镇化进程，是 21 世纪中国必须面对的一个重大课题。

- 行政区划
- 省
- 自治区
- 直辖市
- 特别行政区
- 新型城镇化之路

行政区划

全国分为省、自治区、直辖市；省、自治区分为自治州、县、自治县、设区的市；县、自治县分为乡、民族乡、镇。直辖市和较大的市分为区、县、不设区的市。自治州分为县、自治县、不设区的市。自治区、自治州、自治县都是民族自治地方。

国家在必要时设立特别行政区。在特别行政区内实行的制度按照具体情况由全国人民代表大会以法律规定。

目前，全国共划分为23个省、5个自治区、4个直辖市、2个特别行政区。

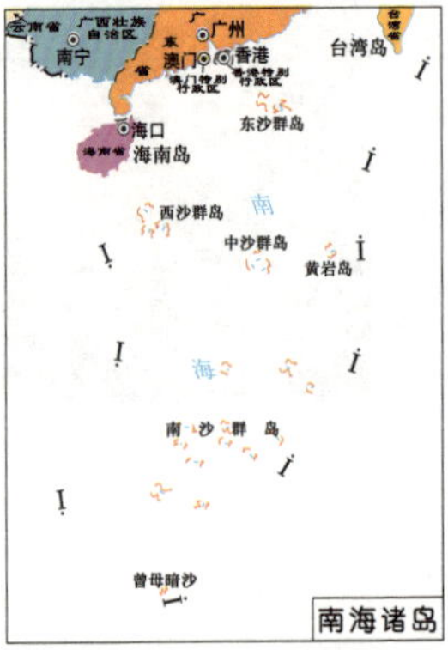

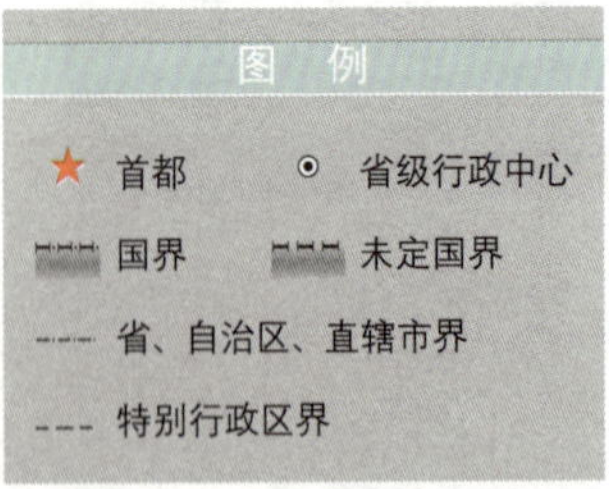

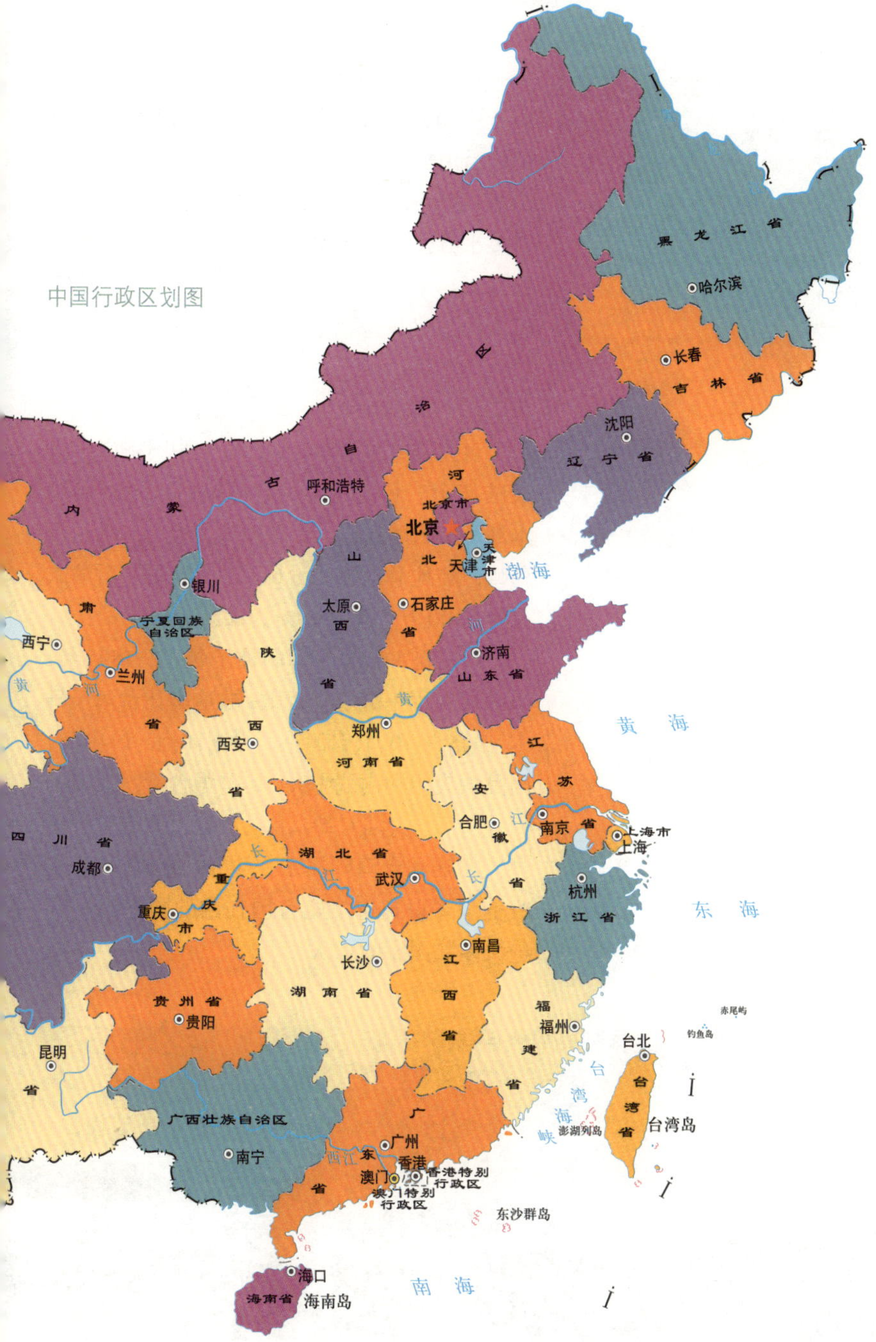
黑龙江省
哈尔滨
长春
吉林省
沈阳
辽宁省
内蒙古自治区
呼和浩特
河北省
北京市
北京
天津市
天津
渤海
石家庄
山西省
太原
银川
宁夏回族自治区
甘肃省
西宁
兰州
黄河
陕西省
西安
山东省
济南
黄海
河南省
郑州
江苏省
南京
上海市
上海
安徽省
合肥
四川省
成都
湖北省
武汉
长江
重庆市
重庆
浙江省
杭州
东海
江西省
南昌
湖南省
长沙
贵州省
贵阳
福建省
福州
赤尾屿
钓鱼岛
台北
台湾省
台湾岛
台湾海峡
澎湖列岛
云南省
昆明
广西壮族自治区
南宁
西江
广东省
广州
香港
香港特别行政区
澳门
澳门特别行政区
东沙群岛
海口
海南省
海南岛
南海
中国行政区划图

两岸贸易与人员往来

随着两岸关系改善，两岸经贸联系更加密切，两岸人员往来和各领域交流持续扩大和深化，有力地推动了两岸关系和平发展。2014年两岸贸易额近2000亿美元。

省

省是中国最主要的最高地方行政区划，源于中国元朝时期的行省制度，并在其后各朝代沿用，至今已有六七百年历史。中国有23个省，其中，面积最大的省是青海省，达72万多平方公里；陆地面积最小的省是海南省，只有3.4万平方公里。人口最多的省是河南省，有1.1亿人口。

台湾

台湾是中国第一大岛，位于中国东南沿海大陆架上。目前所称的台湾地区，包括台湾本岛及其附属岛屿、澎湖列岛及金门、马祖等岛屿，陆地总面积为3.6万平方公里。台湾人口约2300万，其中98%为汉族。

台湾自古就是中国的神圣领土，1895年，清政府在甲午战争中战败，被迫割让台湾于日本，1945年10月，台湾重回祖国怀抱。1949年，国民党集团在内战中失败，退踞台湾，在美国的扶持下与大陆对峙，台湾问题由此产生。但是，大陆和台湾同属于一个中国的事实从未改变，并得到包括联合国在内的国际组织和绝大多数国家的承认。

台湾垦丁海岸风光

台湾阿里山

60多年来，中国共产党和中国政府为解决台湾问题，实现祖国统一，进行了不懈努力。近年来，在两岸同胞的共同努力下，两岸关系大交流、大合作、大发展的局面迅速形成。

2015年5月4日，中共中央总书记习近平在北京会见朱立伦主席率领的中国国民党大陆访问团，并就共同开创两岸关系未来、建设两岸命运共同体提出五点主张：第一，坚持“九二共识”、反对“台独”是两岸关系和平发展的政治基础，其核心是认同大陆和台湾同属一个中国。第二，深化两岸利益融合，共创两岸互利双赢，增进两岸同胞福祉，是推动两岸关系和平发展的宗旨。第三，两岸交流，归根到底是人与人的交流，最重要的是心灵沟通。两岸双方要继续创造条件，扩大同胞直接交往。第四，国共两党和两岸双方要着眼大局，本着相互尊重的精神，不仅要求同存异，更应努力聚同化异，不断增进政治互信。第五，中华民族伟大复兴要大家一起来干。只要两岸同胞、全世界的中国人团结起来，心往一处想，劲往一处使，实现中华民族伟大复兴必定是指日可待的。

西藏拉萨，远眺布达拉宫。

宁夏沙漠景观

新疆赛里木湖，冰清玉洁。

广西“七彩瑶乡”美如画

内蒙古草原风光

自治区

自治区的行政地位相当于省，是中华人民共和国统一行使主权的地方行政区域，是中国神圣不可分割的一部分，受中央人民政府管辖，与国家的关系是地方与中央的关系，不具有独立主权的性质。

中国共有5个自治区，即内蒙古自治区、新疆维吾尔自治区、广西壮族自治区、宁夏回族自治区、西藏自治区，区域面积占全国总面积的46%。这些自治区以少数民族聚居的地方为基础，建立相应的自治机关，行使自治权，由少数民族自己当家作主，管理本民族内部的地方事务。民族自治区享有宪法、民族区域自治法和其他法律规定的民族自治权。

直辖市

北京市

北京是中国的首都，有着3000余年的建城史和850余年的建都史，是中国的政治、经济、交通和文化中心，也是第29届奥运会主办城市。

北京在历史上曾为六朝都城，是中国拥有帝王宫殿、园林、庙坛和陵墓数量最多、文化最丰富的城市。其中，故宫为全世界现存最大的宫殿；天坛是中国现存最大的古代祭祀性建筑群；颐和园是中国最有名的皇家园林；明十三陵是中国最大的皇家陵寝墓群……北京文化代表了最为传统的中国文化，是古代皇家文化与现代文化相结合的产物，充分体现在日常生活中的方方面面。北京是全球拥有世界遗产最多的城市。

北京国贸

北京是中国最重要的金融中心和商业中心，大量境外跨国公司在北京建立中国地区总部。北京入选“世界 15 大购物之都”，拥有百余家大中型购物商场。王府井大街、前门大栅栏、西单商业街是北京的传统商业区；国贸商城、东方新天地、中关村广场是近年来新崛起的商业巨擘。

北京的城市定位是：国家首都、国际城市、历史名城和宜居城市，其目标是要在 2020 年成为全球经济系统的中枢和世界城市网络体系中的组织结点。

天坛祈年殿

故宫全景

上海枫泾古镇

上海市

上海是中国大陆的经济、金融、贸易和航运中心，也是第41届世界博览会举办城市。上海拥有中国最大的外贸港口、最大的工业基地，上海的经济总量、人均GDP及人均可支配收入比，均居大陆城市的首位。

上海的文化被称为“海派文化”，它是在中国江南传统文化的基础上，与开埠后传入的对上海影响深远的欧美文化等融合而逐步形成的，既古老又现代，既传统又时尚。作为国际化大都市，上海拥有鳞次栉比的摩天大楼，象征着上海的繁华发达。而在现代化背后，上海也由枫泾古镇等古迹展现了其独特的江南古典风情。外滩和田子坊的石库门里弄，是最具上海风情的中西合璧。浦西的外滩并列着一幢幢具有西欧古典风格的大楼，形成一派巍峨壮观的建筑风景，有着“万国建筑博览会”之称。

中外游客都爱光顾的上海田子坊

上海是中国最大的海外游客旅游目的地和最大的豪华邮轮母港及目的地，上海的豪华邮轮旅游业务占据中国的 70% 以上。如今，上海致力于在 2020 年建设成为国际金融中心和世界航运中心。

上海黄浦江两岸

天津市

天津是中国北方的经济中心、国际港口城市和生态城市，位于环渤海经济圈的中心，是中国北方最大的沿海开放城市、海运与工业中心，也是中国近代工业的发源地、最早对外开放的沿海城市之一。

作为拥有中国第四大工业基地和第三大外贸港口的大都市，自从 2006 年国家确定滨海新区发展后，天津重新走上了高速发展的道路。

天津津湾广场

重庆万州：诗画田园。

重庆市

重庆地处中国西南，是大陆五大中心城市之一和长江上游地区经济、金融中心，是国家统筹城乡综合配套改革试验区，其境内还有中国第三个国家级新区——两江新区。

重庆曾是抗日战争期间的“陪都”，孕育了独特的抗战文化。因为地理环境造成多山多雾，因此重庆又有“雾都”、“山城”的别名。重庆境内有两项世界遗产：大足石刻和武隆喀斯特。长江三峡是中国最富盛名的自然景观之一，火锅是这座城市的代表性的饮食。

特别行政区

香港特别行政区

香港特别行政区位于珠江口东岸，面积约1104平方公里，人口超过700万。香港是亚洲繁华的大都市、国际金融中心之一，拥有条件优越的天然深水港。它以廉洁的政府、良好的治安、自由的经济体系以及完善的法治闻名于世。

1840年鸦片战争后，香港被英国通过三个不平等条约逐步侵占，1997年7月1日，中国恢复对香港行使主权，香港特别行政区正式成立。中国政府在香港特别行政区实行“一国两制”、“港人治港”、高度自治的基本方针。“一国两制”是指在中国统一的国家内，内地实行社会主义制度，香港保持原有的资本主义制度与生活方式，50年不变；“港人治港”是指由香港人自主管理香港，实行高度自治。香港特别行政区享有行政管理权、立法权、独立的司法权和终审权。香港特别行政区现任行政长官是梁振英。区旗上是盛开的紫荆花图案。

香港是成衣、钟表、玩具、游戏、电子和某些轻工业产品的主要出口地，出口总值位列全球高位。内地是香港最大的贸易伙伴，也是香港饮用水、蔬菜、肉、禽、蛋的主要来源地。

特别行政区

特别行政区是指根据宪法规定，在中华人民共和国行政区域范围内设立的、享有特殊法律地位、实行资本主义制度和资本主义生活方式的地方行政区域。特别行政区是中国为以和平方式解决历史遗留下来的香港问题、澳门问题和台湾问题而设立的特殊的地方行政区域。特别行政区的建立构成了中国单一制的一大特色。

从太平山鸟瞰香港维多利亚港

澳门城市风光

澳门特别行政区

澳门特别行政区位于珠江口西岸，在总面积共 32.8 平方公里的土地上生活着 50 余万人，是全球人口密度最高的地区之一。

历史上，澳门逐步被葡萄牙侵占。中国于 1999 年 12 月 20 日对澳门恢复行使主权，澳门特别行政区正式成立。中国政府在澳门特别行政区实行“一国两制”、“澳人治澳”、高度自治的基本方针。“一国两制”是指在中国统一的国家内，内地实行社会主义制度，澳门保持原有的资本主义制度与生活方式，50 年不变；“澳人治澳”是指由澳门人自主管理澳门，实行高度自治。澳门特别行政区享有行政管理权、立法权、独立的司法权和终审权。澳门特别行政区现任行政长官是崔世安。区旗上是盛开的莲花图案。

东西文化的融合共存使澳门成为一个独特的城市：既有古色古香的传统庙宇，又有庄严肃穆的天主圣堂，还有众多历史文化遗产，以及沿岸优美的海滨胜景。

澳门是中国两个国际贸易自由港之一，货物、资金、外汇、人员进出自由，旅游业与博彩业是最重要的经济支柱。

青岛西海岸新区烟台东村是有名的“别墅村”

新型城镇化之路

数据显示，1978 年中国的城镇化率是 17.9 %，2014 年达到 54.77%。“十二五”期间，中国进入城镇化与城市发展双重转型的新阶段，预计城镇化率年均提高 0.8 至 1.0 个百分点，到 2030 年达到 65% 左右。中国已根据自己国情，走出了一条大中小城市与小城镇协调发展的道路。

城镇化是中国发展的一个大战略，城镇化不是简单的城市人口比例增加和面积扩张，而是要在产业支撑、人居环境、社会保障、生活方式等方面实现由“乡”到“城”的转变。

城市立交桥

西安古城墙

面对城镇化进程过快的发展现状，中央政府正在通过具有战略性和空间约束力的区域规划，合理配置与协调人口、土地、环境与经济和社会的发展关系，实行“严格控制大城市规模、合理发展中等城市、积极发展小城市”的方针。在大城市周围，有计划、有重点地发展卫星城镇。

城市规模的扩大，城市人口的迅猛增长，使城市化过程中出现了中心区人口密集、交通拥挤、环境质量下降、地价房租昂贵、就业困难等问题。中国高度重视提升城乡人居环境质量，经过多年努力，城镇和乡村的住房条件、绿化水平、环境质量、饮水条件等都有极大改善，为居民提供了良好的生活和工作环境。

统筹大中小城市协调发展，形成东部地区和中西部地区城市群并立的格局，将成为推动城乡和区域结构优化调整、协调经济长期平稳较快发展的重要任务。以城镇体系为区域构架的各种城市区域经济体将基本形成，城市区域经济格局将趋于完善，城市经济集中度将会进一步提高，要素将向大城市进一步集聚。

广东省广州市珠江新城新中轴线

未来中国新型城镇化建设，将遵从“公平共享”、“集约高效”、“可持续”三个原则，按照“以大城市为依托，以中小城市为重点，逐步形成辐射作用大的城市群，促进大中小城市和小城镇协调发展”的要求，推动城镇化发展由速度扩张向质量提升“转型”。

新型城镇化

中国 2015

04

人口与民族

中国拥有世界上最多的人口，56个民族和睦相处，以汉族为主体，大杂居、小聚居。汉语是中国的通用语言，少数民族大都有自己的语言。中国是一个多信仰的国度，多种宗教并存。

●人口大国 ●多民族国家 ●语言文字 ●多种宗教并存

孩子们快乐的微笑

人口大国

根据 2010 年第六次全国人口普查数据，目前中国内地总人口约为 13.39 亿人，约占世界人口的五分之一。

在中国，每平方公里的平均人口密度超过 140 人。但分布不均衡：东部沿海地区每平方公里超过 400 人，而西部高原地区每平方公里不足 10 人。

中国政府坚持人口与发展综合决策，努力使人口发展与经济社会发展相协调，与资源利用和环境保护相适应。自 20 世纪 90 年代以来，每年召开人口、资源、环境工作专题座谈会，把发展经济、开展计划生育、普及教育、提高健康水平、消除贫困、完善社会保障、提高妇女地位、建设文明幸福家庭等紧密结合起来。

去网上看看

http://www.nhfpc.gov.cn/

国家卫生和计划生育委员会网站，国家卫生和计划生育委员会是根据中共十八大会议精神要求，按照2013年新一轮“大部制”改革方案及《国务院机构改革和职能转变方案（草案）》组建合并的一个新机构。

老龄化

从全国总人口的年龄结构来看，2011年，全国15-64岁人口首次超过10亿，达到100283万人，2012年，全国15~64岁人口升至100403万人，占总人口的74.1%。2003~2012年，15~64岁人口总量逐年增加。预计到2015年，中国60岁以上老年人口将达到2.16亿，约占总人口的16.7%。人口老龄化必将带来新的矛盾和压力，对经济和社会发展提出新的挑战。

中国政府高度关注老龄化问题，并且采取了一系列措施保障老年人能够享受到应有的各种权益。尤其在养老保险方面，快速推进城镇职工的养老保险制度实施，同时，在全国推行新型农村社会养老保险试点，为农业人口提供社会化的养老保险。中国积极倡导形成政府主导，市场化、社会化、多层次的老龄产业和老龄服务业的发展模式。

2013年，中共十八届三中全会《决定》提出“研究制定渐进式延迟退休年龄政策”，并正式启动“单独二胎政策”。

山西平遥，一位老人在自己的老房子前。

幸福的家庭

“单独二胎政策”全面实施后，很多家庭有了两个孩子。

人口红利

近几十年来，中国经济持续快速增长已经成为一个世界奇迹，在探讨中国为什么能够创造经济增长奇迹时，很多人认为“人口红利”的影响是一个至关重要的原因。据国家统计局数据显示，2012年，中国15~59岁劳动年龄人口在相当长时期里第一次出现了绝对下降，比上年减少345万人，这意味着中国的人口红利趋于消失，导致未来中国经济要过一个“减速关”。与此同时，有专家学者指出，新的人口红利正在产生，中国正在从技工时代转向高级技工时代。

多民族国家

中国是统一的多民族国家。在这片辽阔的国土上，生活着 56 个民族，包括汉族、蒙古族、回族、藏族、满族、维吾尔族等。

这些民族的服饰、饮食、民俗甚至语言千差万别，丰富多彩。由于 90% 以上的人口是汉族，广泛分布在全国各地，习惯上把其余 55 个民族称为少数民族。在少数民族中，壮族人口最多，有 1600 多万人；珞巴族人口最少，只有 3000 人左右。

民族	人口	民族	人口
汉族	11.6 亿	德昂族	1.8 万
蒙古族	581.4 万	保安族	1.7 万
回族	981.7 万	裕固族	1.4 万
藏族	541.6 万	纳西族	30.9 万
维吾尔族	839.9 万	景颇族	13.2 万
苗族	894.0 万	佤族	39.7 万
彝族	776.2 万	畲族	71.0 万
壮族	1617.9 万	高山族	0.4 万
布依族	297.1 万	拉祜族	45 万
朝鲜族	192.4 万	水族	40.7 万
满族	1068.2 万	京族	2.3 万
侗族	296.00 万	塔塔尔族	0.5 万
瑶族	263.7 万	独龙族	0.7 万
白族	185.8 万	鄂伦春族	0.8 万
土家族	802.8 万	赫哲族	0.5 万
哈尼族	144.0 万	门巴族	0.9 万
哈萨克族	125.0 万	珞巴族	2965 人
傣族	115.9 万	基诺族	2.1 万
黎族	124.8 万	柯尔克孜族	16.1 万
仡佬族	57.9 万	土族	24.1 万达
锡伯族	18.9 万	斡尔族	13.2 万
阿昌族	3.4 万	仫佬族	20.7 万
普米族	3.4 万	羌族	30.6 万
塔吉克族	4.1 万	布朗族	9.2 万
怒族	2.9 万	撒拉族	10.5 万
乌孜别克族	1.2 万	毛南族	10.7 万
俄罗斯族	1.6 万	傈僳族	63.5 万
鄂温克族	3.1 万	东乡族	51.4 万

根据 2000 年第五次全国人口普查数据

维吾尔族艺人

藏族少女

满族姑娘

苗族少女

民族分布示意图

草原上的蒙古族人

东巴文：唯一活着的象形文字

东巴文是纳西族的古文字，已有1000多年历史。它最早是写画在木头和石头上的符号图像，后来把这些符号图像写在纸上成为文字。由于东巴（祭司）掌握这种文字，故称东巴文。东巴文大约有1400个单字，至今仍为纳西族东巴使用，它被认为是目前世界上唯一仍然活着的象形文字，是研究人类社会、文字起源和发展的“活化石”。

语言文字

汉语是中国的通用语言，汉字是中国的通用文字。少数民族中除了回、满两个民族通用汉语外，其他 53 个民族都使用本民族的语言。现在，在以招收少数民族学生为主的学校，都各自采用本民族文字的课本，使用本民族的语言授课，同时设置汉语课程，推广全国通用的普通话和规范汉字。

汉字是中国人发明的表意文字书写系统，也是世界上最古老、唯一流传至今的表意文字，其源可追溯到 4000 年以前。

汉字分为简体与繁体两个系统。前者用于中国大陆地区、马来西亚与新加坡，以及东南亚华人社区；后者主要用于中国香港、澳门和台湾地区，以及北美的华人圈中。近年来，随着世界上更多的人将汉语作为第二语言来学习，简体汉字的使用范围正在不断地扩大。

1994 年出版的《中华字海》，收入了 85000 多个汉字。国家在 1988 年公布的《现代汉语用字表》中，选收了 2500 个常用字、1000 个次常用字，总共 3500 个字。

汉字书法

山东省青州市云门山上的巨大摩崖石刻“寿”字

宁夏银川南关清真寺

多种宗教并存

中国是一个多种宗教并存的国家，现有各种宗教信徒1亿多人。佛教、伊斯兰教、天主教和基督教在中国都有传播。此外，还有中国固有的宗教——道教。

中国奉行信仰自由的宗教政策。一切正常的宗教活动，如拜佛、诵经、祈祷、讲经（道）、弥撒、受洗、受戒、封斋、过宗教节日等，都由宗教教职人员和教徒自理，受法律保护。

佛教大约在公元1世纪前后传入中国，公元4世纪后开始广为流传，逐渐成为在中国影响最大的宗教。藏传佛教属于中国佛教的一支，主要流传于西藏和内蒙古等地。

道教是中国的本土宗教，形成于公元2世纪，奉春秋时期的道家老子为教祖，以其《道德经》为主要经典。

伊斯兰教约在7世纪中叶传入中国，至元代，伊斯兰教兴盛起来。伊斯兰教主要为回族、维吾尔族等少数民族群众信仰。

天主教自公元7世纪起逐渐传入中国，基督教（新教）于19世纪初传入中国。

2015年4月5日，获得藏传佛教最高学位格西拉让巴的僧人。

2014年08月04日，一个巨型“太极八卦”图案在安徽省休宁县道教圣地齐云山向日葵花园里亮相。

上海徐家汇天主教堂

去网上看看

http://www.sara.gov.cn/

国家宗教事务局网站是中国宗教事务的官方网站，由国家宗教事务局主办。中华人民共和国国家宗教事务局是国务院负责宗教事务方面的职能部门。

中国 2015

05

政治体制

人民代表大会制度是中国的根本政治制度，中国共产党领导的多党合作和政治协商制度、民族区域自治制度，以及基层群众自治制度等，构成了中国的基本政治制度。中华人民共和国的国家机构包括：全国人民代表大会及其常务委员会，中华人民共和国主席，中华人民共和国国务院，中华人民共和国中央军事委员会，地方各级人民代表大会和地方各级人民政府，民族自治地方的自治机关，人民法院和人民检察院。

2015 年“学习宪法，尊法守法”主题活动中，重庆云阳法院邀请学生到法院听司法讲解。

去网上看看

http://www.legalinfo.gov.cn/

中国普法网，是由中华人民共和国司法部办公厅、法制宣传司和法制日报社联合主办的司法部官方网站。意在提高全民法律素质和社会法治化管理水平，促进依法治国，弘扬社会主义法治精神。

宪法

1949 年中华人民共和国成立后，曾先后制定过四部宪法：1954 年宪法、1975 年宪法、1978 年宪法和 1982 年颁布的现行宪法。现行宪法共 138 条，曾先后进行过四次修正，最后一次在 2004 年。宪法规定：公民在法律面前一律平等；国家尊重和保障人权。宪法保障每一个公民的基本权利，包括选举权和被选举权；言论、出版、集会、结社、游行、示威的自由；宗教信仰自由；人身自由、人格尊严、住宅和合法的私有财产不受侵犯；通信自由和通信秘密受法律保护；对任何国家机关和国家工作人员提出批评、建议和实行监督的权利；劳动、休息和在年老、疾病或者丧失劳动能力的情况下从国家和社会获得物质帮助的权利；受教育的权利和进行科学研究、文学艺术创作以及其他文化活动的自由；等等。

中国特色社会主义法治体系

1997 年，中国共产党的十五大提出的新时期立法工作总体目标指出，到 2010 年要基本形成中国特色社会主义法律体系。这一目标如期实现。中国的法律体系以宪法为统帅，由宪法相关法、民法商法、行政法、经济法、社会法、刑法和程序法七个部门法律为主干，由法律、行政法规、地方性法规等多个层次的法律规范构成，国家经济、政治、文化、社会生活各个方面实现有法可依。

2014 年，中共十八届四中全会提出，全面推进依法治国，总目标是建设中国特色社会主义法治体系，建设社会主义法治国家。实现这个总目标，必须坚持中国共产党的领导，必须坚持中国特色社会主义制度，必须贯彻中国特色社会主义法治理论。这三个方面构成中国特色社会主义法治道路的核心要义，规定和确保了中国特色社会主义法治体系的制度属性和前进方向。

现行宪法的四次修正

1988年的宪法修正案规定，国家允许私营经济在法律规定的范围内存在和发展；土地的使用权可以依照法律的规定转让。1993年的宪法修正案规定，国家实行社会主义市场经济；中国共产党领导的多党合作和政治协商制度长期存在和发展。1999年的宪法修正案规定，国家实行依法治国，国家坚持公有制为主体、多种所有制经济共同发展的基本经济制度。2004年的宪法修正案规定，公民的合法的私有财产不受侵犯，国家依照法律规定保护公民的私有财产和继承权；国家尊重和保障人权。

2015 年 4 月 17 日，重庆市云阳县南溪镇，一堂庭审正在农家屋檐下拉开。

北京人民大会堂

政治制度

人民代表大会制度是中国的根本政治制度，中国共产党领导的多党合作和政治协商制度、民族区域自治制度以及基层群众自治制度等是中国的基本政治制度。

人民代表大会制度

在中国，公民行使国家权力的机关是全国人民代表大会和地方各级人民代表大会。所以，人民代表大会制度是中国的根本政治制度。它的基本特点是：实行民主集中制的原则，既保证人民享受广泛的民主和权利，又保证行使国家权力的集中和统一；在人民代表大会统一行使国家权力的前提下，明确划分国家的行政权、审判权、检察权和武装力量的领导权，使国家权力机关和行政、审判、检察等其他国家机关能够协调一致地工作。

各级人民代表大会的代表通过选举产生，代表中有各界、各地区、各民族、各阶级和阶层的代表人物。人民代表大会举行会议之际，代表能够充分发表意见，也可向本级政府及其所属工作部门提出质询案，受质询的机关必须负责答复。选民或原选举单位有权依照法律规定的程序，罢免自己选出的代表。

中国共产党领导的多党合作和政治协商制度

在中国，中国共产党作为执政党，八个民主党派作为参政党。在国家采取重大措施或者决定关系国计民生的重大问题时，中国共产党都事先与各民主党派和无党派人士进行协商，反复征求意见，然后再形成决策。这就是通常所说的中国共产党领导的多党合作和政治协商制度，也是中国的一项基本政治制度。

多党合作和政治协商所采取的形式主要有两种：一是中国人民政治协商会议；二是中国共产党召开的民主党派和无党派人士协商会、座谈会。中国人民政治协商会议全国委员会由中国共产党、各民主党派、无党派人士、人民团体、各少数民族和各界的代表，以及特别邀请的人士组成，每届任期五年。委员们在出席每年举行一次的全体会议时，还列席全国人民代表大会会议，履行政治协商、民主监督、参政议政的职能。

民族区域自治制度

中国实行民族区域自治制度，即在国家统一领导下，以少数民族聚居的地区为基础，建立相应的自治机关，行使自治权，由少数民族自己当家作主，管理本民族内部地方事务。中央政府在财力和物力上给予民族自治地方积极支援，以促进当地经济文化的发展。现在，全国已建立了5个自治区、30个自治州、120个自治县（旗）。此外，还建有1100多个民族乡。民族自治地方的自

2015年3月11日，中国人民政治协商会议第十二届全国委员会第三次会议举行第四次全体会议。

2015 年 3 月 15 日，十二届全国人大三次会议闭幕，少数民族代表走出会场。

治机关为自治区、自治州、自治县（旗）的人民代表大会和人民政府。各自治区、自治州、自治县（旗）的人大常委会主任或副主任，以及自治区主席、自治州州长、自治县县长，都由实行区域自治的民族的公民担任。民族自治地方的自治机关除行使同级地方国家机关的职权外，还享有广泛的自治权利，包括：依照当地民族的政治、经济和文化特点，制定自治条例和单行条例；自主地安排使用属于民族自治地方的财政收入；自主地安排和管理地方性的经济建设事业，自主地管理本地方的教育、科学、文化、卫生、体育事业，保护和整理民族的文化遗产，发展和繁荣民族文化。

基层群众自治制度

中国的基层群众自治制度，是指城乡居民群众以相关法律法规政策为依据，在城乡基层党组织领导下，在居住地范围内，依托基层群众自治组织，直接行使民主选举、民主决策、民主管理和民主监督等权利，实行自我管理、自我服务、自我教育、自我监督的制度与实践。基层群众自治是人民当家作主最有效、最广泛的途径。

基层群众自治制度通过以村民自治为核心的农村基层民主、以居民自治为核心的城市基层民主和以职工代表大会为核心的企事业单位的基层民主等形式，将人民民主渗透到社会生活的各个方面。基层群众自治制度把代表制民主与直接民主有机地结合起来，充分发挥了两种民主形式各自的功能和整体合力，从而形成社会主义民主政治的独特优势，这是人民民主制度优越性的重要体现。同时，人民群众在自己生活的区域内，直接选举、民主讨论、共同决策和相互监督，为广大群众喜闻乐见，易于接受，有利于增强基层民主的广泛性和实效性。

加强社会主义协商民主建设

社会主义协商民主是中国社会主义民主政治的特有形式和独特优势，是中国共产党的群众路线在政治领域的重要体现，是深化政治体制改革的重要内容。为深入贯彻落实中共十八大和十八届三中、四中全会精神，推进协商民主广泛多层制度化发展，建设社会主义政治文明，推进国家治理体系和治理能力现代化，2015年2月，中共中央印发了《关于加强社会主义协商民主建设的意见》，《意见》对新形势下开展政党协商、人大协商、政府协商、政协协商、人民团体协商、基层协商、社会组织协商等作出全面部署，是指导社会主义协商民主建设的纲领性文件。

2014 年 12 月 9 日，河南省商丘市民权县王桥镇底西村参加第八届村民委员会选举的村民在投票。

2015 年 3 月 12 日上午，第十二届全国人民代表大会第三次会议在北京人民大会堂举行第三次全体会议。

全国人民代表大会

全国人民代表大会是最高国家权力机关，由各省、自治区、直辖市、特别行政区和军队选出的代表组成。它行使国家立法权，决定国家政治生活中的重大问题。主要职权是：修改和制定法律；审查和批准国民经济和社会发展规划、国家预算，以及它们执行情况的报告；决定战争和和平问题；选举、决定包括全国人民代表大会常务委员会委员长、中华人民共和国主席、国务院总理、中央军事委员会主席在内的最高国家机关领导人员，并有权罢免上述人员。

全国人民代表大会每届任期五年，现在是第十二届。现任全国人民代表大会常务委员会委员长是张德江。

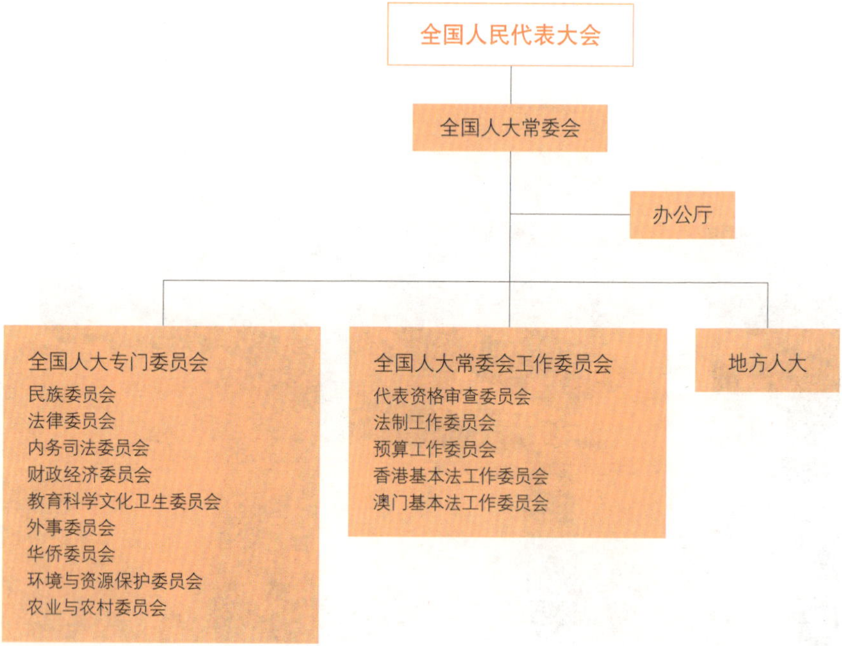

中华人民共和国主席

中华人民共和国主席与全国人民代表大会常务委员会结合，行使国家元首的职权。国家主席根据全国人民代表大会及其常委会的决定，公布法律，任免国务院组成人员，发布命令；授予国家的勋章和荣誉称号，发布特赦令，宣布进入紧急状态，宣布战争状态，发布动员令；代表国家进行国事活动，接受外国使节，派遣和召回驻外全权代表，批准和废除同外国缔结的条约和重要协定。现任中华人民共和国主席是习近平。

国务院

国务院，即中央人民政府，是最高国家权力机关的执行机关，最高国家行政机关，对全国人民代表大会及其常务委员会负责并报告工作。国务院有权在它的职权范围内规定行政措施，制定行政法规，发布决定和命令。国务院由总理、副总理、国务委员、秘书长和各部部长、各委员会主任、中国人民银行行长、审计署审计长组成。现任国务院总理是李克强。

国务院

- 外交部
- 国防部
- 国家发展和改革委员会
- 教育部
- 科学技术部
- 工业和信息化部
- 国家民族事务委员会
- 公安部
- 国家安全部
- 监察部
- 民政部
- 司法部
- 财政部
- 人力资源和社会保障部
- 国土资源部
- 环境保护部
- 住房和城乡建设部
- 交通运输部
- 水利部
- 农业部
- 商务部
- 文化部
- 国家卫生和计划生育委员会
- 中国人民银行
- 审计署

中央军事委员会

中央军事委员会是国家的军事领导机关，统率全国的武装力量。中国的武装力量由中国人民解放军、中国人民武装警察部队和民兵组成。人民解放军是国家的常备军；武装警察部队担负国家赋予的安全保卫任务，维护社会秩序；民兵是不脱离生产的群众武装。中央军事委员会由主席、副主席和委员组成。现任中央军委主席是习近平。

中国奉行防御性的国防政策。依照宪法和法律，中国武装力量肩负对外抵抗侵略、保卫祖国，对内维护社会大局稳定、保卫人民和平劳动的神圣职责。建设与国家安全和发展利益相适应的巩固的国防和强大的军队，是中国现代化建设的战略任务，是中国各族人民的共同事业。新时期中国国防的目标和任务主要有以下内容：维护国家主权、安全、发展利益；维护社会和谐稳定；推进国防和军队现代化；维护世界和平稳定。

地方各级人民代表大会和地方各级人民政府

国家以现行行政区划为单位，分别设立省（自治区、直辖市）、县（市）、乡（镇）各级人民代表大会（县级以上的人民代表大会设有常务委员会）和人民政府。地方各级人民代表大会都是地方国家权力机关，享有决定本行政区域内各种

边防战士身披朝霞守护海疆

重大事情的权力。省、自治区、直辖市一级人民代表大会有权制定地方性法规。地方各级人民政府是地方各级国家行政机关，对本级人民代表大会和它的常务委员会以及上一级国家行政机关负责并报告工作，受国务院统一领导，管理本行政区域内的各项行政工作。

人民法院

人民法院是国家的审判机关。国家设立最高人民法院，各省、自治区、直辖市设有高级人民法院，以下为中级人民法院和基层人民法院。最高人民法院是中国的最高审判机关，对全国人民代表大会和它的常务委员会负责，并监督地方各级人民法院和军事法院等专门人民法院的审判工作。现任最高人民法院院长是周强。

人民检察院

人民检察院是国家的法律监督机关。它的设置同人民法院相对应。人民检察院是通过行使检察权来完成自己的任务的。它对于危害国家安全案、危害公共安全案、破坏经济秩序案、侵犯公民人身权利民主权利案和其他重大犯罪案件，行使检察权；对于公安机关侦查的案件进行审查，决定是否逮捕、起诉或者免于起诉；对于刑事案件提起公诉、支持公诉；对于公安机关、人民法院和监狱、看守所、劳动改造机关的活动是否合法，实行监督。现任最高人民检察院检察长是曹建明。

去网上看看

http://www.gov.cn

中国政府网，是中华人民共和国国务院和国务院各部门，以及各省、自治区、直辖市人民政府在国际互联网上发布政府信息和提供在线服务的综合平台。

神圣的法槌

人大、政协和国务院三者之间的关系

人大通过选举、投票、表决行使权力，人民政协在选举、投票之前进行充分协商，这是中国社会主义民主的两种最重要的形式。人民政协与人大、政府三者的关系是：政协在决策前协商，人大在协商后表决作决策，国务院在决策后执行，三者统一在中国共产党的领导下，分工协作，各司其职，互为补充，相辅相成。这是适合中国国情、具有中国特色的政治体制。

中国人民政治协商会议

中国人民政治协商会议是中国人民爱国统一战线的组织，是中国共产党领导的多党合作和政治协商的重要机构，是中国政治生活中发扬社会主义民主的重要形式。政协的主要职能是政治协商、民主监督、参政议政。中国人民政治协商会议设全国委员会和地方委员会。

全国委员会

政协全国委员会由中国共产党、各民主党派、无党派人士、人民团体、各少数民族和各界的代表，香港特别行政区同胞、澳门特别行政区同胞、台湾同胞和归国侨胞的代表以及特别邀请的人士组成。政协全国委员会每届任期五年，现在是第十二届。现任全国政协主席是俞正声。

地方委员会

中国各省、自治区、直辖市，自治州、设区的市，县、自治县、不设区的市和市辖区，凡有条件的地方都设立了政协组织。

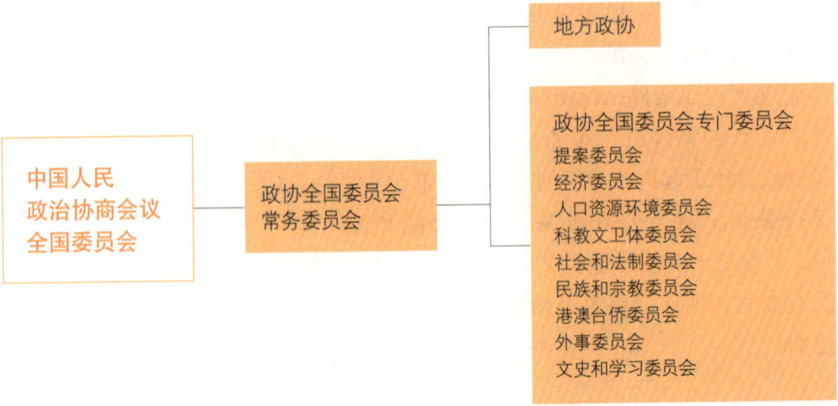

上海，中国共产党第一次全国代表大会旧址。

政党与社会团体

中国共产党

中国共产党成立于1921年。中国共产党成立以来，领导中国人民艰苦斗争，取得了新民主主义革命的胜利，1949年建立了中华人民共和国。新中国成立后，领导全国人民确立了社会主义基本制度，开展了大规模社会主义建设，为当代中国一切发展进步奠定了根本的政治前提和物质、制度基础。1978年以来，领导中国人民实施改革开放，开创、发展了中国特色社会主义，中国特色社会主义现代化建设进入新时期。

截至2014年底，中国共产党党员总数达8512.7万名。中国共产党的最高领导机关是党的全国代表大会，每五年举行一次。在全国代表大会闭会期间，中央委员会执行全国代表大会的决议，领导党的全部工作。现任中共中央总书记是习近平。

去网上看看

http://cpc.people.com.cn/

中国共产党新闻网，系统、全面介绍中国共产党的权威网站，及时发布中央领导同志的重要活动、重要讲话和党的重要会议、重要文件等信息，全面报道党的各项工作动态。同时开设多个互动园地，增进党员与组织、党员与党员、党员与群众的沟通交流。

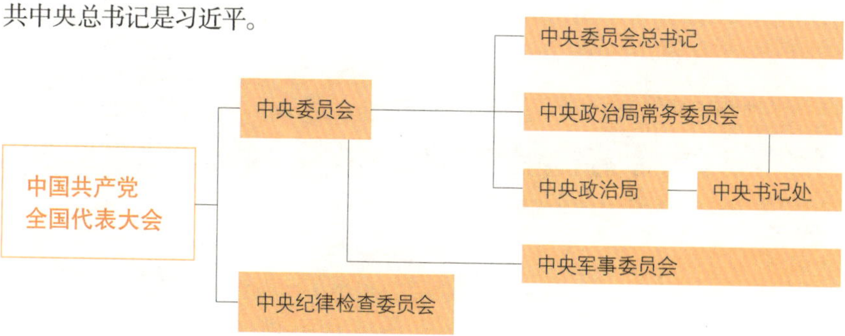

民主党派

在中国，除了中国共产党以外，还有八个民主党派。各民主党派在政治上拥护中国共产党的领导，同时享有宪法规定范围内的政治自由、组织独立和法律地位平等。中国共产党与各民主党派合作的基本方针是“长期共存、互相监督、肝胆相照、荣辱与共”。

目前，在各级人大常委会、政协委员会、政府机构和经济、文化、教育、科技等部门，均有众多民主党派的成员担任领导职务，如八个民主党派的现任中央委员会主席分别担任着全国人大常委会副委员长或全国政协副主席的职务。各民主党派成员总人数有 70 多万，各省、自治区、直辖市和各大中城市都建有民主党派的地方组织和基层组织。

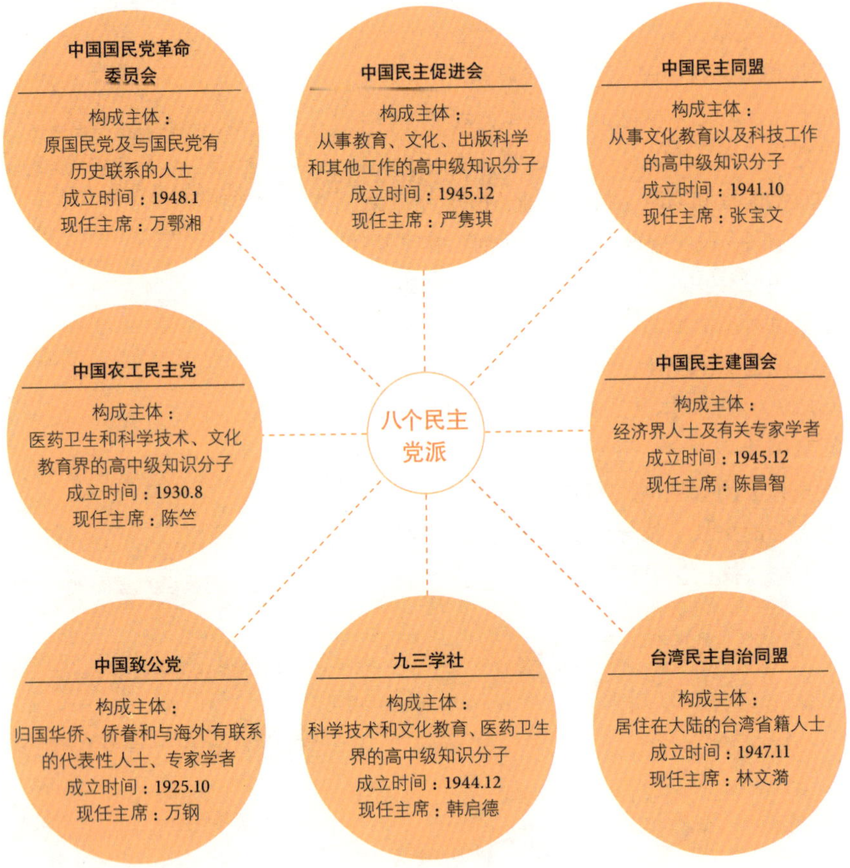

社会团体与民间组织

中国的社会团体依据宪法和法律独立自主地开展活动。这些社团的分支机构遍布城乡，参与国家和地方的政治生活，协调社会公共事务，维护群众合法权益，发挥着巨大作用。中国民间组织的主要种类有:科技、教育、文化、卫生、体育、环境保护、法律服务、社会中介服务等。民间组织与政府携手合作推进环保事业已成为中国环境保护领域的一个重要特点和新趋势，中国环境 NGO 已成为普及环境教育和倡导公众参与环保的重要力量。

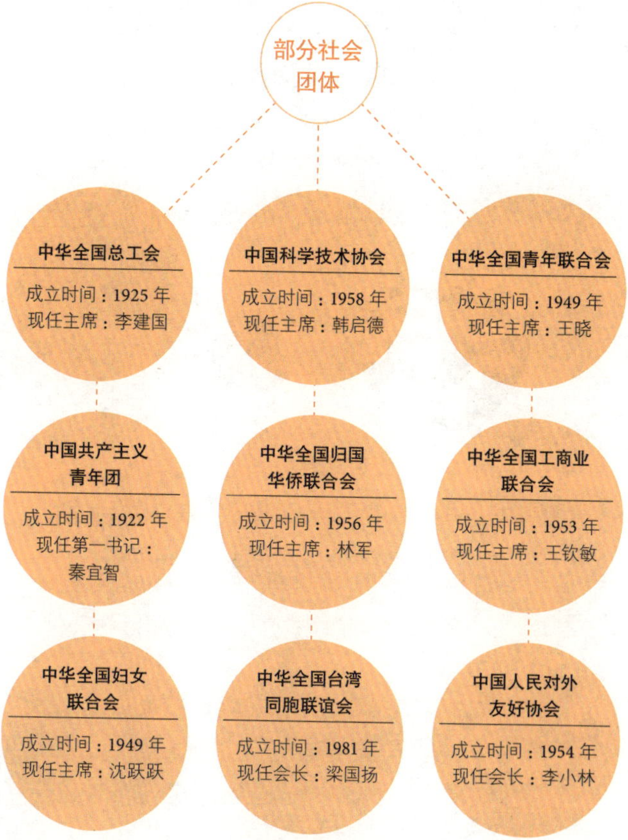

中国　2015

06

中国与世界

中国坚持和平、发展、合作、共赢，努力践行“以人为本”、“外交为民”的理念，坚定维护国家的主权、安全和发展利益，全力保障中国公民、法人在海外的合法权益。中国推动建立以合作共赢为核心的新型国际关系，主张每个国家在谋求自身发展的同时要积极促进其他各国共同发展。中国继续奉行互利共赢的开放战略，在和平共处五项原则基础上全面发展同各国的友好合作，始终做维护世界和平、促进共同发展的坚定力量。

●外交政策 ●增进睦邻友好 ●加强同发展中国家的合作
●加强同主要大国的合作 ●积极参与多边事务

外交政策

中国外交政策的宗旨是维护世界和平、促进共同发展。中国坚持独立自主的和平外交政策，坚定不移走和平发展道路，始终不渝奉行互利共赢的开放战略，愿意在和平共处五项原则的基础上同所有国家建立和发展友好合作关系，始终做维护世界和平、促进共同发展的坚定力量。

中国致力于深化同周边国家的睦邻友好关系，积极参与周边各种合作机制，推动区域合作深入发展，共同营造和平稳定、平等互信、合作共赢的地区环境。加强与广大发展中国家团结合作，深化传统友谊，扩大互利合作，维护发展中国家的正当权益和共同利益。加强与各大国的战略对话，增进战略互信，拓展合作领域，推进相互关系长期稳定健康发展。

一名美国波士顿大学教师为安徽黄山脚下黄村的小朋友指导英语学习

积极参与多边事务和全球治理，推动国际秩序和国际体系朝着更加公正合理的方向发展。

中国政府和中国人民愿与世界各国人民一道，共同为维护和促进人类的和平、发展与进步事业而不懈努力。

截至 2015 年 2 月，中国已与世界上 172 个国家建立了外交关系。

去网上看看

http://www.fmprc.gov.cn

中华人民共和国外交部，是中国政府的外交机关，是中国国务院内主管外交事务的组成部门，负责处理中国政府与世界其他国家政府及政府间国际组织的外交事务。

增进睦邻友好

中国是拥有邻国最多的国家之一，在处理与周边国家关系时，中国秉持亲、诚、惠、容的周边外交理念，坚持与邻为善、以邻为伴，坚持睦邻、安邻、富邻，推动、维护和珍视周边环境的和平与稳定。近年来，中国本着互惠互利的原则同周边国家开展合作，着力编织更加紧密的共同利益网络，把双方利益融合提升到更高水平，努力使自身发展更好惠及周边国家，也使中国从周边国家共同发展中获得裨益和助力。与此同时，中国坚定地维护领土主权和海洋利益，致力于通过谈判解决有关争端。

2015 年 7 月，欧盟官员在中国交流期间学习中国书法。

中国致力于加强与邻国的互利合作，积极推动完善现有包括中国—东盟（10+1）、东盟与中日韩（10+3）、东亚峰会（EAS）、大湄公河等在内的区域和次区域合作机制，积极推进中国—东盟自由贸易区在内的地区经济一体化，对其他区域合作构想持开放态度，并欢迎地区外国家在促进地区和平与发展中发挥建设性作用。

习近平自 2013 年 3 月就任国家主席以来，先后出访了俄罗斯、土库曼斯坦、哈萨克斯坦、乌兹别克斯坦、吉尔吉斯斯坦、塔吉克斯坦、白俄罗斯、印度尼西亚、马来西亚、马尔代夫、斯里兰卡、印度、巴基斯坦等周边国家；李克强就任国务院总理以来，先后出访印度、巴基斯坦、文莱、泰国、越南、俄罗斯、哈萨克斯坦等国，突显了中国对周边外交的重视。

中非合作论坛

中非合作论坛是中国和非洲国家开展集体对话的重要平台和进行务实合作的有效机制，已成为中非团结自强和引领国际对非合作的一面旗帜。根据非洲国家的建议，中国政府于2000年提出召开"中非合作论坛—北京2000年部长级会议"的倡议，得到非洲国家的热烈响应和广泛支持。中非合作论坛每3年举行一届。部长级会议轮流在中国和非洲举行，迄今已召开一次峰会和五届部长会。第六届部长级会议于2015年第四季度在南非举行。

加强同发展中国家的合作

中国是发展中国家的一员，加强同广大发展中国家团结合作，更好地维护发展中国家的共同利益，始终是中国外交政策的基本立足点。

中国坚定奉行对非友好政策，坚定维护非洲和平稳定，在"中非合作论坛"框架下同非洲国家和非盟深化互利合作，有力促进非洲繁荣发展。2014 年 5 月，李克强总理对埃塞俄比亚和非洲联盟总部、尼日利亚、安哥拉、肯尼亚进行了正式访问，这是其就任以后首次访问非洲，提出了中非"六大工程"和"三网一化"合作倡议，是对习近平主席提出的"真、实、亲、诚"对非政策理念的具体落实。西非埃博拉疫情爆发后，中国率先行动，紧急驰援，引领了国际援非抗疫合作。

2015 年 2 月，由中国铁建二十局集团承建的安哥拉本格拉铁路通车运营，当地百姓载歌载舞欢庆。

2015 年 5 月 8 日，首届迪拜周亮相北京三里屯。

近年来，中阿全面合作、共同发展的战略合作关系快速发展，双方各层次互访和各领域合作不断加强。2014 年 6 月 5 日，中阿合作论坛第六届部长级会议在北京举行，会议适逢中阿合作论坛成立 10 周年，国家主席习近平出席会议开幕式，并发表题为《弘扬丝路精神，深化中阿合作》的重要讲话。

中国致力于同拉丁美洲和加勒比国家建立和发展平等互利、共同发展的全面合作伙伴关系，积极推进以“中拉论坛”为主要平台的中拉整体合作。中国是拉美的主要贸易伙伴，贸易格局不断优化，真正从互补性出发，以互利共赢为原则，达到惠及双方和共同可持续的发展。中国继续支持太平洋岛国平等参与国际事务，推进各国经济社会发展。

2014 年 7 月，习近平主席出席在巴西举行的金砖国家领导人第六次会晤，应邀对巴西、阿根廷、委内瑞拉和古巴进行国事访问，并出席在巴西利亚举行的首次中国—拉美和加勒比国家领导人会晤。2015 年 5 月 18 日至 26 日，国务院总理李克强应邀访问巴西、哥伦比亚、秘鲁、智利四国。为进一步推进中国与拉美和加勒比国家基础设施领域的互利合作，在 2015 年 1 月举行的中拉论坛首届部长级会议期间，中方倡议成立中拉基础设施合作论坛，首届中拉基础设施合作论坛于 2015 年 6 月在澳门举办。

加强同主要大国的合作

中国推动建立长期稳定健康发展的新型大国关系。

中美关系

近年来，中美关系总体保持稳定发展。两国保持高层战略沟通，建立了战略与经济对话、人文交流高层磋商等机制。尽管中美政治制度、价值观念、历史文化传统、经济社会发展水平存在差异，但几年来两国高层和各级别交往密切，经贸投资、两军交往、人文交流与地方合作取得新进展，就伊朗核、朝鲜半岛核、气候变化、埃博拉疫情防控等重大国际地区和全球性问题上保持着密切有效的沟通和协调。双方加深了相互了解，增进了战略互信，正在共同构建“不冲突不对抗、相互尊重、合作共赢”的中美新型大国关系。

2014 年 3 月，奥巴马夫人米歇尔女士及其家人访华，同月，习近平与奥巴马在海牙会晤，双方一致同意共同推动两国新型大国关系建设。2014 年 11 月，奥巴马在北京出席亚太经合组织（APEC）领导人非正式会议，并对中国进行国事访问。在两国领导人会晤中，习近平主席提出要从 6 个重点方向进一步推进中美新型大国关系建设，奥巴马表示重视习主席提出的主张和建议，赞同加强交流对话，增进了解互信，扩大互利合作，建设性管控分歧，共同推进美中新型大国关系。

中俄关系

《中俄睦邻友好合作条约》签订以来，中俄两国全面战略协作伙伴关系日益成熟，已经互为最重要的战略协作伙伴。面对复杂多变的国际形势和依然严峻的国际经济环境，中俄加大相互政治支持，坚定支持对方维护本国主权、安全、发展等核心利益的努力，坚定支持对方走符合本国国情的发展道路，坚定支持对方发展振兴；全面扩大和加强各领域的务实合作，把两国高水平的政治关系优势转化为实际成果，实现共同发展；密切在国际和地区事务中协调配合，坚定维护联合国宪章宗旨和原则及国际关系基本准则，维护二战成果，维护国际公平正义，促进世界多极化和国际关系民主化，促进世界和平、稳定、繁荣。

2015 年 5 月 9 日，习近平应邀出席俄罗斯纪念卫国战争胜利 70 周年庆典并访俄。这是习近平就任国家主席后，与俄罗斯总统普京的第 11 次会面。同时，习近平还邀请普京今年 9 月参加中国人民抗日战争暨世界反法西斯战争胜利 70 周年纪念活动。

中欧关系

中国与欧洲经济共同体于1975年正式建立外交关系，2003年，中国同欧盟建立全面战略伙伴关系。双方定期进行领导人会晤、高级别战略对话、经贸高层对话、高级别人文交流对话机制，建立了涵盖政治、经贸、科技、能源、环境等广泛领域的各级别磋商与对话机制。截至2014年底，欧盟是中国的第一大贸易伙伴，中国是欧盟的第二大贸易伙伴。2014年，中国与欧盟贸易额达到6151亿欧元。

2014年3月22日至4月1日，习近平主席对荷兰、法国、德国、比利时欧洲四国进行国事访问，出席在荷兰海牙举行的核安全峰会，并访问联合国教科文组织总部和欧盟总部，同包括多个欧洲国家在内的各国领导人进行了会晤，提出将中欧两大力量、两大市场、两大文明结合起来，共同打造中欧“和平、增长、改革、文明”四大伙伴关系。2014年10月9日至18日，李克强总理应邀对德国、俄罗斯和意大利进行正式访问，主持第三轮中德政府磋商，出席多场双边和多边活动，并访问联合国粮农组织总部，再次推进了中欧之间的务实合作，互利共赢。

2015年6月20日，南宁国际龙舟邀请赛在广西南宁南湖公园举行，一名外国小男孩随父母参赛。

2015年5月5日，第五轮中欧高级别战略对话举行，此次对话恰逢中国与欧盟建交40周年，双方约定进一步加强政治对话和经贸往来，促进人员往来便利化，通过改革和创新走可持续发展道路，共同挖掘丝绸之路经济带与欧盟政策的契合点，并加强在重大国际和地区问题上的沟通协调。

中日关系

中日是近邻，中方一贯主张在中日四个政治文件基础上，本着以史为鉴、面向未来的精神推动中日关系向前发展。进入新世纪以来，由于日方在历史、钓鱼岛等问题上不断采取消极举措，中日关系屡经波折。2014年11月，中国同日方达成并发表关于处理和改善中日关系的四点原则共识。在此基础上，习近平主席应约简短会见来华出席亚太经合组织（APEC）领导人非正式会议的日本首相安倍晋三，两国关系迈出改善步伐。

2015年是中国人民抗日战争暨世界反法西斯战争胜利70周年，中方将敦促日方恪守中日四个政治文件和“村山谈话”精神，切实正视和反省侵略历史，妥善处理历史等重大敏感问题。同时继续推进各领域交流合作，推动中日关系持续改善和发展。

2015年5月12日，北京外国语大学校园内的“中欧友谊花园”落成揭幕。

积极参与多边事务

随着中国更深入、更广泛地融入国际社会，中国参与多边外交活动的深度和广度都有显著加强。中国已成为多边外交机制和行动的主动参与者和积极倡导者。中国领导人定期出席联合国、亚太经合组织、亚欧会议、二十国集团、金砖国家等国际会议，为促进国际及地区合作，提升中国的国际形象和地位发挥了积极的作用。

中国以地区组织或地区多边机制为框架，积极开展地区多边外交。在政治与安全领域，中国已经相继成功组织了多轮朝核六方会谈，以积极的姿态参与东盟地区论坛，大力推动上海合作组织在政治和安全等领域的合作。在经济发展领域，中国注重采取切实措施推动本地区的经济合作与一体化建设，不仅在亚太经合组织中发挥了重要作用，而且还积极推动中国—东盟自由贸易区、区域全面经济伙伴关系等多边机制的建设。

中国开展跨地域的南北对话、洲际合作和专门性机构合作。通过亚欧会议、中非合作论坛、中阿合作论坛、中拉论坛、达沃斯峰会、博鳌亚洲论坛、专门领域会议等平台，就维护公平合理的国际新秩序，解决金融危机、全球气候变暖、核安全等现实问题，承担了积极和负责任的角色。中国在朝鲜半岛局势、伊朗核问题、中东问题、乌克兰问题等一系列重大地区热点问题上，也发挥了重要的建设性作用。

2015 年 3 月 28 日，海南琼海，博鳌亚洲论坛飘扬的各国国旗。

博鳌亚洲论坛

博鳌亚洲论坛是在经济全球化进程加快和亚洲区域经济合作迅速发展的背景下成立的。2001年2月下旬，由25个亚洲国家和澳大利亚发起，在海南省琼海市博鳌镇召开大会，博鳌亚洲论坛正式宣布成立。论坛为非官方、非营利性、定期、定址的国际组织，为政府、企业及专家学者等提供一个共商经济、社会、环境及其他相关问题的高层对话平台，海南博鳌为论坛总部的永久所在地。2015年博鳌亚洲论坛于3月26日至29日在中国海南省博鳌召开，主题为“亚洲新未来：迈向命运共同体”。

执行物资护运任务的中国维和警察防暴队员在任务前检查枪支弹药

中国—联合国

作为联合国安理会常任理事国，中国始终是联合国的坚定支持者和重要合作伙伴，积极倡导和践行多边主义，维护联合国宪章宗旨和原则，维护联合国权威和作用。中国致力于推动以对话、谈判等和平方式解决国际争端。中国认为，联合国作为国际多边组织和机制的核心，在维护世界和平、促进共同发展、推动国际合作方面发挥了不可替代的作用。

中国支持并积极参加联合国维和行动，派出的维和人员在联合国安理会常任理事国中居于前位。中国还积极支持和参与联合国专门机构在各自领域内开展工作，2014 年 3 月，习近平主席对联合国教科文组织进行访问，

苏州山塘街手工艺摊位前的喜庆布艺挂件吸引了外国游客

远眺北京怀柔雁栖湖畔 APEC 会议主题建筑日出东方酒店

并阐述了对文明交流互鉴的看法和主张，强调应该推动不同文明相互尊重、和谐共处。

中国—亚太经济合作组织

亚太经济合作组织（简称 APEC）成立于 1989 年，是亚太地区级别最高、影响最大的经济合作机制，也是当前规模最大的多边区域经济合作组织。中国重视 APEC 的作用，中国领导人出席了已经召开的全部领导人非正式会议，一直支持并积极参与各层次、各领域的合作，并为合作不断取得进展作出了重要贡献。2014 年 11 月 5 日至 11 日，亚太经合组织领导人会议周活动在北京举行。会议明确了未来亚太合作的方向与目标，作出了启动亚太自贸区进程的重大决定，勾画了建设亚太互联互通的蓝图，就促进经济创新发展、改革与增长达成广泛共识。

去网上看看

http://www.sectsco.org/

上海合作组织网站，关于上海合作组织概况、成员国、历年文件等。

中国—上海合作组织

1996 年 4 月 26 日，中国、俄罗斯、哈萨克斯坦、吉尔吉斯斯坦、塔吉克斯坦五国元首在上海举行首次会晤，开启了“上海五国”会晤机制。2001 年 6 月 15 日，“上海五国”元首和乌兹别克斯坦元首在上海举行会晤，成立了“上海合作组织”。该组织是第一个在中国境内宣布成立、第一个以中国城市命名的国际组织。截至 2014 年底，该组织拥有 6 个成员国，另有 5 个观察员国，3 个对话伙伴国。

一直以来，中国致力于促进上海合作组织成员国间的睦邻友好和合作，努力推动上海合作组织的务实合作和机制建设。2014 年 9 月 12 日，上海合作组织成员国元首理事会第十四次会议在塔吉克斯坦首都杜尚别举行，各国元首就规划上合组织下一步发展和国际地区局势等问题广泛交换意见，达成重要共识。习近平主席发表了题为“凝心聚力　精诚协作　推动上海合作组织再上新台阶”的讲话，总结上合组织过去的工作，提出了下一阶

一名外国年轻女子在中国师傅的指导下练武术

东盟留学生体验壮族“三月三”民俗风情

段的重点工作方向。2014 年 12 月 15 日，上海合作组织成员国政府首脑理事会第十三次会议在哈萨克斯坦首都阿斯塔纳举行，国务院总理李克强出席了会议。

中国—金砖国家

金砖国家的前身即金砖四国，由于巴西、俄罗斯、印度、中国四国英文国名首字母的组合为 BRIC，与英文中的“砖块（Brick）”类似，因此被称为金砖四国。2010 年 12 月，中国作为金砖国家合作机制轮值主席国，与俄罗斯、印度、巴西一致商定，吸收南非作为正式成员加入金砖国家合作机制，金砖四国更名为金砖国家（BRICS）。

2015 年 7 月 8 日至 9 日，金砖国家领导人第七次会晤在俄罗斯乌法举行，五国领导人围绕“金砖国家伙伴关系——全球发展的强有力因素”的主题，就当前世界经济形势、国际政治安全问题交换意见，达成广泛共识。国家主席习近平在会上发表题为《共建伙伴关系 共创美好未来》的讲话，系统阐述了中方加强金砖合作的政策主张，呼吁构建维护世界和平、促进共同发展、弘扬多元文明、加强全球治理的“四大伙伴关系”。

中国—东盟

中国—东盟1991年建立对话关系，2003年建立“面向和平与繁荣的战略伙伴关系”。双方已建立领导人、部长级、部门高官等不同层次的对话合作机制。领导人会自1997年起已举行17次。双方确定农业、信息通信技术、人力资源开发、相互投资、湄公河流域开发、交通、能源、文化、旅游、公共卫生、环境等为11个重点合作领域。中国自2009年起成为东盟第一大贸易伙伴，东盟自2011年起为中国第三大贸易伙伴。2010年中国—东盟自贸区全面建成，双方94.8%税目产品实现零关税。2014年，双方人员往来突破1800万人次，双方互派留学生超过18万人。

中国—东盟关系保持良好发展势头。2013年10月，习近平主席访问东盟国家，倡导携手建设更为紧密的中国—东盟命运共同体，提出共建21世纪海上丝绸之路等重大倡议。李克强总理出席第16次中国—东盟领导人会议，提出中国—东盟关系发展的两条政治共识（深化战略互信、聚焦经济合作）和未来七个重点领域（政治、经贸、互联互通、金融、海上合作、安全、社会人文等）的合作设想，即“2+7合作框架”。2014年11月，李克强总理出席第17次中国—东盟领导人会议，提出在“2+7合作框架”基础上推动签署“中国—东盟国家睦邻友好合作条约”、启动制定《落实中国—东盟面向和平与繁荣的战略伙伴关系联合宣言行动计划（2016–2020）》、在华举行中国—东盟防长非正式会晤、将2015年确定为“中国—东盟海洋合作年”等倡议，得到东盟国家积极响应。

中国—二十国集团

二十国集团（G20）是国际经济合作主要论坛，于1999年9月25日由八国集团财长在华盛顿宣布成立，2008年国际金融危机爆发后升级成为领导人峰会机制。G20由19个国家及欧盟组成，包括美、英、日、德等发达国家及中、俄、印等新兴市场国家。G20推动发达国家和新兴市场国家之间进行开放及有建设性的讨论和研究，加强宏观经济政策沟通和协调，致力于促进世界经济强劲、平衡、可持续增长。

2014 年 11 月 15 日，G20 领导人第九次峰会在澳大利亚布里斯班举行。国家主席习近平出席会议并发表题为《推动创新发展　实现联动增长》的重要讲话，倡导各方做共促经济改革的发展伙伴，落实全面增长战略，推动世界经济从周期性复苏向可持续增长转变。习近平强调，中国将继续保持经济增长势头，为推动世界经济增长作出更大贡献。

中国—亚信

亚洲相互协作与信任措施会议，简称亚信，是一个讨论亚洲安全问题的多边论坛，其宗旨是通过制定多边信任措施，加强对话与合作，促进亚洲和平、安全与稳定。现已在军事政治、新威胁新挑战、经济、人文、环保等五大领域制定并落实信任措施。亚信现有 26 个成员国、12 个观察员国家和国际组织，横跨亚洲各区域。亚信峰会和外长会议均每四年举行一次，两会交错举行，间隔两年。

2014 年 5 月 20 日至 21 日，亚信第四次峰会在上海举行。中国国家主席习近平主持会议并发表讲话，表示中国将同各方一道，积极倡导共同、综合、合作、可持续的亚洲安全观，搭建地区安全和合作新架构，努力走出一条共建、共享、共赢的亚洲安全之路。中方在会上接任亚信 2014–2016 年主席国。

2014 年 5 月 19 日，上海国际会议中心附近的“和平鸽”主题花坛。

亚洲基础设施投资银行

亚洲基础设施投资银行是一个政府间性质的亚洲区域多边开发机构，重点支持基础设施建设，成立宗旨在促进亚洲区域的建设互联互通化和经济一体化的进程，并且加强中国及其他亚洲国家和地区的合作。总部设在北京。

2013年10月2日，习近平主席提出筹建倡议，2014年10月24日，包括中国、印度、新加坡等在内的21个首批意向创始成员国的财长和授权代表在北京签约，共同决定成立亚洲基础设施投资银行。

2015年3月12日，英国正式申请加入亚投行，成为首个申请加入亚投行的主要西方国家。随后，法国、意大利、德国等西方国家纷纷以意向创始成员国身份申请加入亚投行。韩国、俄罗斯、巴西等域内国家和重要新兴经济体也纷纷申请成为亚投行的意向创始成员国。

截至2015年4月15日，亚投行意向创始成员国确定为57个，其中域内国家37个、域外国家20个，涵盖了除美国、日本和加拿大之外的主要西方国家，以及亚欧区域的大部分国家，成员遍及五大洲。其他国家和地区今后仍可以作为普通成员加入亚投行。

2015年6月29日，亚投行的57个意向创始成员国在北京出席《亚洲基础设施投资银行协定》签署仪式,标志着成立亚投行及其日后运营有了各方共同遵守的“基本大法”。

北京金融街

丝绸之路上的骆驼队

“一带一路”，共同命运

“一带一路”是“丝绸之路经济带”和“21世纪海上丝绸之路”的简称。共建“一带一路”是中国的倡议，也是中国与沿线国家的共同愿望。自习近平主席2013年秋先后提出建设“丝绸之路经济带”和“21世纪海上丝绸之路”以来，短短一年半的时间，就已有60多个国家和国际组织作出了积极响应。参与“一带一路”正在成为兼顾各方利益、反映各方诉求的共同愿望。共商、共建、共享，体现了“一带一路”的开放包容，中国本着互利共赢的原则同沿线国家开展合作，与沿线国家共享中国发展的红利。顺应当今和平、发展、合作、共赢的时代潮流，促进共同发展，实现共同繁荣，传承和弘扬“和平合作、开放包容、互学互鉴、互利共赢”的丝路精神更显得尤为重要。

中国　2015

07

国民经济

经过 30 多年改革开放，中国已经建立起比较完善的社会主义市场经济体制，形成了宽领域、多层次、有重点、点线面结合的全方位对外开放格局，中国经济获得飞速发展。当前，在全面深化改革总目标下，中国紧紧围绕使市场在资源配置中起决定性作用深化经济体制改革，坚持和完善基本经济制度，加快完善现代市场体系、宏观调控体系、开放型经济体系，转变经济发展方式，建设创新型国家，推动经济更有效率、更加公平、更可持续发展。

●经济发展与转型 ●经济体制改革
●经济结构调整 ●创新驱动发展 ●全方位对外开放格局
●区域协调发展 ●农业 ●工业 ●服务业

污水处理厂

去网上看看

http://www.ce.cn/

中国经济网，以经济报道、资讯传播和经济服务为主，拥有时政社会、产业市场、财经证券、国际经济、区域经济等内容板块，有40多种经济分类数据库。目前使用中文、英文、德文对外发布经济信息。

经济发展与转型

以经济建设为中心是中国兴国之要。中国经济的发展是通过执行“五年计划”实现的，现在正在实施的是第十二个五年规划（2011～2015年）。通过改革开放以来的持续、快速增长，目前，中国经济总量已跃居世界第二。

中国人口众多、经济发展相对落后的现实，决定了中国经济虽然保持着强劲的增长，但仍被认为是世界上最具发展潜力的经济大国之一，中国仍是发展中国家的一员。

当前，在全面深化改革的总目标下，中国以科学发展为主题，以加快转变经济发展方式为主线，把推动发展的立足点转到提高质量和效益上来。激发各类市场主体发展新活力，增强创新驱动发展新动力，构建现代产业发展新体系。培育开放型经济发展新优势，使经济发展更多依靠内需特别是消费需求拉动，依靠现代服务业和战略性新兴产业带动，依靠科技进步、劳动者素质提高、管理创新驱动，依靠节约资源和循环经济推动，依靠城乡区域发展协调互动，不断增强长期发展后劲。

红红火火的餐饮美食街

经济体制改革

中国已经建立起比较完善的社会主义市场经济体制，到2020年，中国将建立起比较成熟的社会主义市场经济体制。

经济体制改革是中国全面深化改革的重点，核心问题是处理好政府和市场的关系，使市场在资源配置中起决定性作用和更好地发挥政府作用。

当前，中国深化经济体制改革的方向是：

☆ 巩固和发展公有制经济，推行公有制多种实现形式，深化国有企业改革，完善各类国有资产管理体制。

上海环球金融中心

中国经济新常态

2014年11月9日，习近平主席在亚太经合组织（APEC）工商领导人峰会开幕式主旨演讲中，对中国经济新常态进行了全面阐述和解读。

当前，中国经济呈现出新常态，有几个主要特点：速度——从高速增长转为中高速增长；结构——经济结构不断优化升级；动力——从要素驱动、投资驱动转向创新驱动。

新常态将给中国带来新的发展机遇。包括这样几个方面：经济增速虽然放缓，实际增量依然可观；经济增长更趋平稳，增长动力更为多元；经济结构优化升级，发展前景更加稳定；政府大力简政放权，市场活力进一步释放。

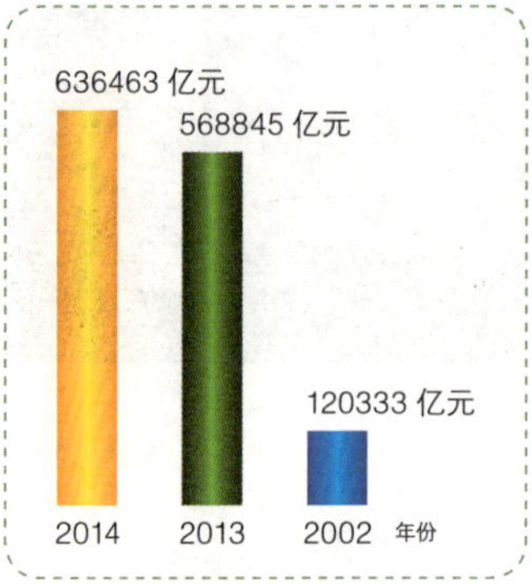

国内生产总值

☆ 鼓励、支持、引导非公有制经济发展，保证各种所有制经济依法平等使用生产要素、公平参与市场竞争、同等受到法律保护。

☆ 健全现代市场体系，加强宏观调控目标和政策手段机制化建设。

☆ 加快改革财税体制，形成有利于结构优化、社会公平的税收制度。

☆ 建立公共资源出让收益合理共享机制。

☆ 深化金融体制改革，健全促进宏观经济稳定、支持实体经济发展的现代金融体系。加快发展民营金融机构，完善金融监管，推进金融创新，维护金融稳定。

经济结构调整

改革开放以来，中国通过优先发展轻工业，扩大高档消费品进口，加强基础产业、基础设施建设，大力发展第三产业等一系列政策和措施，使经济结构趋于协调，并向优化和升级的方向发展。

推进经济结构战略性调整是加快转变中国经济发展方式的主攻方向，目前，中国经济结构调整的主要方向是：

☆ 以扩大内需为战略基点，加快建立扩大消费内需长效机制，释放居民消费潜力，保持投资合理增长，扩大国内市场规模。

☆ 以发展实体经济为基础，实行更加有利于实体经济发展的政策措施，推动战略性新兴产业、先进制造业健康发展，加快传统产业转型升级。

安徽矿业机电装备公司的职工在生产车间内调试煤矿综采支架等机械设备

☆ 建设下一代信息基础设施，发展现代信息技术产业体系，健全信息安全保障体系，推进信息网络技术广泛运用。

☆ 提高大中型企业核心竞争力，支持小微企业特别是科技型小微企业发展。

☆ 继续实施区域发展总体战略，充分发挥各地区比较优势，优先推进西部大开发，全面振兴东北地区等老工业基地，大力促进中部地区崛起，积极支持东部地区率先发展。

☆ 科学规划城市群规模和布局，增强中小城市和小城镇产业发展、公共服务、吸纳就业、人口集聚的功能。

新能源汽车在充电

创新驱动发展

改革开放30多来，中国经济的快速发展主要源于发挥了劳动力和资源环境的低成本优势。进入新的发展阶段后，中国制定了以创新驱动发展的新战略。

当前，中国实施创新驱动发展战略的主要内容是：

☆ 深化科技体制改革，推动科技和经济紧密结合，着力构建以企业为主体、市场为导向、产学研相结合的技术创新体系。

☆ 完善知识创新体系，提高科学研究水平和成果转化能力。

☆ 实施国家科技重大专项，突破重大技术瓶颈。加快新技术新产品新工艺研发应用，加强技术集成和商业模式创新。

☆ 完善科技创新评价标准、激励机制、转化机制，加强知识产权保护，促进创新资源高效配置和综合集成。

“创客”脱颖而出

当前，中国经济着力培育新的增长点，促进服务业加快发展，支持发展战略性新兴产业，互联网金融异军突起，电子商务、物流快递等新业态快速成长，众多“创客”脱颖而出，文化创意产业蓬勃发展。

“创客”是在创新驱动发展的大潮中，涌现出的一批真正从个人兴趣出发、不以盈利为目标、努力把各种创意转变为现实的年轻人。当前，中国民间的“创客”团体正如雨后春笋般崛起，并形成以北京“创客”空间、深圳柴火、上海新车间为三大中心的“创客”生态圈。创业活动通过互联网、开源软件和开源硬件，以及3D打印等新技术的应用，降低了创业的边际成本，促进了更多创业者的加入。

航拍厦门经济特区

全方位对外开放格局

在 1978 年进行经济体制改革的同时，中国开始有计划、有步骤地实行对外开放。从 1980 年起，中国先后在沿海地区建立 5 个经济特区和一些经济开发区，开放 14 个沿海城市、一些边疆城市，以及内陆所有的省会、直辖市、自治区首府，还在一些大中城市建立保税区、国家经济技术开发区和高新技术产业开发区。经济特区—沿海开放城市—沿海经济开放区—沿江和内陆开放城市—沿边开放地区的格局形成，对外开放城市已经遍布中国所有省区。这些对外开放地区，由于实行不同的优惠政策，在发展外向型经济、出口创汇、引进先进技术等方面，起到了窗口和对内地的辐射作用。宽领域、多层次、有重点、点线面结合的全方位对外开放格局由此形成。

"一带一路"

"一带一路"，是"丝绸之路经济带"和"21世纪海上丝绸之路"的简称。2013年9月和10月，中国国家主席习近平在出访中亚和东南亚国家期间，先后提出共建"丝绸之路经济带"和"21世纪海上丝绸之路"的重大倡议，得到国际社会高度关注。

"一带一路"不是一个实体和机制，而是合作发展的理念和倡议，是依靠中国与有关国家既有的双多边机制，借助既有的、行之有效的区域合作平台，旨在借用古代"丝绸之路"的历史符号，高举和平发展的旗帜，主动地发展与沿线国家的经济合作伙伴关系，共同打造政治互信、经济融合、文化包容的利益共同体、命运共同体和责任共同体。

2001年12月11日，中国正式加入世界贸易组织，开始进入全面开放的新阶段。“入世”以来，中国政府全面兑现“入世”承诺，区域性推进的对外开放转变为全方位对外开放，开放领域由传统的货物贸易向服务贸易延伸，市场准入更加法制化，更加透明和规范。

当前，中国已经全面融入国际经济大循环，建立起开放型市场、开放型经济和开放型社会，尤其是在经济建设上，促进商品、服务和生产要素较为自由地跨越边境流动，按照市场规律实现资源优化配置，实现生产与消费国际化、贸易与投资自由化、经济体制的市场化与国际化。

2013年8月，上海自由贸易试验区设立，这为中国进一步的对外开放开辟了新天地。2015年3月，中央审议通过广东、天津、福建自由贸易试验区总体方案。同时，“一带一路”（“丝绸之路经济带”和“21世纪海上丝绸之路”）、孟中印缅、中巴经济走廊建设等一大批重大支撑项目正在开展，进一步拓展了国际经济合作的新空间。

上海自由贸易试验区

自贸试验区

建立中国（广东）自由贸易试验区、中国（天津）自由贸易试验区、中国（福建）自由贸易试验区以及进一步深化中国（上海）自由贸易试验区改革开放，是中国在新形势下推进改革开放和促进内地与港澳深度合作、加快实施京津冀协同发展战略、深化两岸经济合作的重要举措，对加快政府职能转变、积极探索管理模式创新、促进贸易和投资便利化，为全面深化改革和扩大开放探索新途径、积累新经验。

江苏省连云港市抢抓“一带一路”战略，打造海陆交汇枢纽。

利用外资

中国利用外资的渠道和形式大致分为三类：

☆ 对外借款，包括外国政府、国际金融组织贷款以及外国商业银行贷款、出口信贷、对外发行债券等；

☆ 外商直接投资，包括中外合资企业、中外合作企业、外商独资企业以及合作开发项目等；

☆ 外商其他投资，包括国际租赁、补偿贸易、加工装配以及对外发行股票等。

改革开放以来，中国利用外资一直保持良好态势，其中主要以外商直接投资为主。自20世纪80年代初开始，全国人大和国务院先后颁布了一系列涉外经济法律法规，为外商来中国投资提供了法律依据和保障。迄今，根据世贸组织规则和中国的对外承诺，基本完成了涉外经济法律法规清理修订工作。目前，中国被世界投资者、金融界评为投资环境最好、最具发展潜力的国家之一。

对外贸易

2014年，中国进出口总值26.43万亿元。目前，与中国开展贸易往来的国家和地区共有230多个，2014年，欧盟、美国、东盟、中国香港和日本为中国前五大贸易伙伴。

上海淮海路，市民走在巨幅麦当劳广告牌前。

安徽六安数控车床远销海外

当前，中国对外贸易的主要特点是：

☆ 贸易伙伴更趋多元：欧、美、日传统市场份额下滑，东盟等新兴市场成新增长点。

☆ 贸易区域布局更趋协调：广东、江苏、上海、北京、浙江、山东和福建等省市对外贸易比重下降，中西部地区贸易活跃。

☆ 外贸主体结构更趋合理：民营企业所占比重提升，对外资企业依赖减轻。

☆ 进出口商品结构进一步优化：机电产品以及劳动密集型产品出口稳步增长，消费品、部分资源产品等进口增长较快。

☆ 对外贸易自主发展能力不断增强：一般贸易比重增加、加工贸易比重减少。

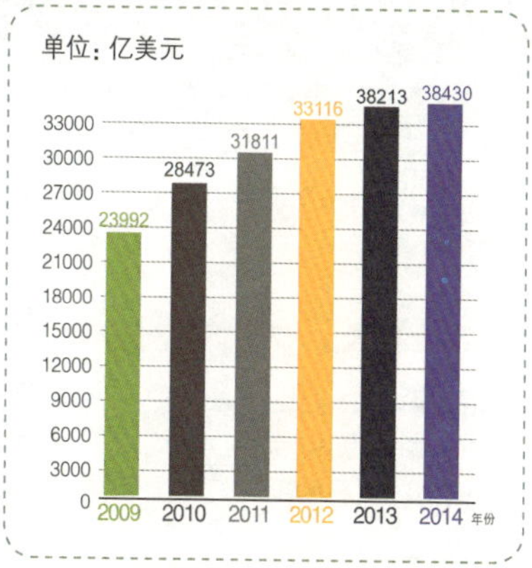

国家外汇储备

中国企业在尼日利亚投资建设的冷轧钢厂

去网上看看

http://www.mofcom.gov.cn/

中华人民共和国商务部，主管国内外贸易和国际经济合作的国务院组成部门。

海外投资

中国正成为新的投资大国。中国企业对外投资领域不断拓宽，从一般出口贸易、餐饮和简单加工扩大到营销网络、航运物流、资源开发、生产制造和设计研发等众多领域，投资区域已拓展到170多个国家和地区。跨国并购成为中国对外投资的主要方式。

一批有条件的大型企业和企业集团通过进行专业化、集约化和规模化的跨国经营，在更大范围内优化资源配置，增强了参与对外经济合作的能力，已成为具有较强国际竞争力的跨国公司。

区域协调发展

上世纪 80 年代开始的改革开放促进了东部地区的大发展、大转变。随后，西部开发、振兴东北、中部崛起等战略的实施，以及“国家综合配套改革实验区”的设立，促进了中国区域经济的协调发展和综合改革。

中国西部大开发项目——宁夏吴忠风力发电厂。

西部开发

2000 年，中国西部开发拉开序幕。西部地区包括甘肃、贵州、宁夏、青海、山西、四川、重庆、西藏、云南、广西和内蒙古，拥有全国 70% 的国土面积和近 30% 的人口、土地和矿产资源，与 10 多个国家接壤，被认为是继东部沿海地区后的第二个对外开放黄金地带。西部开发战略开展十多年以来，西部地区交通、水利、能源等重大基础设施建设得到加强，内陆沿边地区开发开放步伐加快。

2014 年 11 月 13 日，工人在东北特钢集团大连基地修磨钢材表面。

振兴东北

2003 年，中共中央、国务院提出了“东北地区等老工业基地振兴战略”。“振兴战略”确定的社会保障试点、增值税转型、豁免企业历史欠税、国有企业政策性破产等各项政策，使得这一地区体制性、结构性等深层次矛盾得到解决，加快发展的巨大潜力开始显现。目前，东北地区等老工业基地振兴战略继续深入推进，城区老工业区搬迁改造试点、独立工矿区改造搬迁工程试点启动实施，全国老工业基地调整改造规划、资源型城市可持续发展规划出台。

国家综合配套改革试验区

中国通过设立“国家综合配套改革试验区”，探索建设和谐社会，创新区域发展模式，提升区域乃至国家竞争力。通过选择一批有特点和有代表性的区域进行综合配套改革，以期为全国的经济体制改革、政治体制改革、文化体制改革和社会各方面的改革提供新的经验和思路。截至2014年6月，国务院已经批准了12个国家级综合配套改革试验区。

河南濮阳，中国石化中原油田石油化工总厂技术人员正在查看设备运行情况。

中部崛起

2004 年，为促进中部六省（山西、江西、河南、湖北、湖南和安徽）经济快速发展，中国又提出“中部崛起”的战略。“中部崛起”战略着力提升中部地区粮食生产能力，培育国家煤炭基地和精品原材料基地，同时构建综合交通体系。目前，中部地区长江中游城市群、中原经济区发展的集聚效应进一步显现，承接产业转移示范区建设进展顺利。

去网上看看

http://www.moa.gov.cn/

中华人民共和国农业部，主管农业与农村经济发展的国务院组成部门。

农业

中国仅有全球 7% 的耕地，但成功解决了全球 1/5 人口的吃饭问题。中国有 9 亿多农民，中国政府一直把解决好农业、农村、农民问题作为各种工作的重中之重。

改革开放以来，中国确立以家庭承包经营为基础、统分结合的双层经营体制，全面放

云南元阳梯田

2014年5月，四川广汉连山镇，联合收割机在麦田里收割。

开农产品市场，取消农业税，对农民实行直接补贴，初步形成了适合国情和社会生产力发展要求的农村经济体制；粮食生产不断跃上新台阶，农产品供应日益丰富，农民收入大幅增加，扶贫开发成效显著；逐步建立和扩大农村社保和新型农村合作医疗制度，并大力普及农村九年制义务教育；小城镇蓬勃发展，农村市场兴旺繁荣，农村劳动力大规模转移就业，亿万农民工成为产业工人的重要组成部分，中国特色工业化、城镇化、农业现代化加快推进，农村社会事业加速发展。

扩大农业产业化经营规模，全面提升农业现代化水平，是近几年国家提高农业国际竞争力的一项重要内容，中国现已形成600多家国家重点龙头企业、2000多家省级龙头企业带动，多种形式中介组织联结农户和生产基地的格局。目前，东部地区已出现了大量外向型农业专业村镇，中西部地区也出现了许多种植业、养殖业专业村镇。

袁隆平

袁隆平被国际上誉为“杂交水稻之父”，他在杂交水稻方面的研究成果改写了20世纪后半叶中国水稻耕作的历史。目前，每公顷产量超过12000公斤的超级杂交稻正在大面积推广中。

城乡一体化

在城乡二元结构和计划经济体制基础上形成的城乡二元经济社会管理体制，是影响中国从根本上解决“三农”问题（农业、农村、农民问题）的一大体制性障碍。

目前，中国城乡一体化战略的主要内容包括：

☆坚持工业反哺农业、城市支持农村和多予少取放活方针，加大强农、惠农、富农政策力度。

☆加快发展现代农业，增强农业综合生产能力，确保国家粮食安全和重要农产品有效供给。

☆坚持把国家基础设施建设和社会事业发展重点放在农村，深入推进新农村建设和扶贫开发，促进农民增收。

☆坚持和完善农村基本经营制度，依法维护农民土地承包经营权、宅基地使用权、集体收益分配权，壮大集体经济实力。

☆加快完善城乡发展一体化体制机制，着力在城乡规划、基础设施、公共服务等方面推进一体化，形成以工促农、以城带乡、工农互惠、城乡一体的新型工农、城乡关系。

工业

改革开放以来，中国工业实现了跨越式发展，无论是经济总量还是结构，都跃上了新台阶，初步确立了制造大国的地位，并为向制造强国的转变奠定了坚实基础。

“中国制造”迈向“中国创造”

目前，中国的高新技术产业飞速发展，成为中国工业经济发展的新增长点。“中国创造”作为一个崭新的词汇，已经逐渐代替“中国制造”而被世界广泛认知，它体现的不再是简单的体力劳动，而是更高层次的脑力创造活动。工业企业通过引进技术消化吸收再创新，大规模技术改造和利用外资，提升了工业现代化生产能力，实现了一批重大工程的突破和跨越，重大装备国产化水平不断提高。以企业为主体的技术创新体系不断完善，工业技术改造取得成效。国家工程实验室、国家工程研究中心、企业技术中心等创新能力建设进程加快。知识产权创造与保护力度加大，并建立健全标准管理体系。

中国强调推进信息化与工业化的融合，坚定不移地走科技含量高、经济效益好、资源消耗低、环境污染少、人力资源优势得到充分发挥的中国特色新型工业化道路。

目前，中国已建成了全面的、具有相当规模和水平的现代工业体系和现代通信业。包括由完整的原材料能源工业、装备工业、消费品工业、国防科技工业、电子信息产业组成的门类齐全的产业体系和丰富的配套链条，在各个重要领域形成一批产能产量居世界前列的工业产品。

去网上看看

http://www.miit.gov.cn/

中华人民共和国工业和信息化部，主要职责为：拟订实施行业规划、产业政策和标准，监测工业行业日常运行，推动重大技术装备发展和自主创新，管理通信业，指导推进信息化建设，协调维护国家信息安全等。

电网建设

2015 年 5 月 1 日，海洋石油（青岛）工程有限公司，一名施工人员在调试海上石油平台管件阀门。

原材料工业

2014 年，中国粗钢产量 8.23 亿吨，占全球钢产量的 49.7%。有色金属方面，中国已成为有色金属生产、消费均居世界第一的大国，从 2001 年开始，中国十种有色金属产量连续位居世界第一位。中国是世界最大的稀土资源生产、应用和出口国。化工方面，中国形成了云南、贵州、湖北三大磷肥产区，建设了青海、新疆百万吨钾肥工程，成为石化产品生产和消费大国，多种产品产量居世界首位。

装备工业

装备工业已成为中国工业中最大的产业之一。2014 年，中国装备制造业产值规模突破 20 万亿元，占全球比重超过 1/3，稳居世界首位，多数装备产品产量位居世界第一。

此外，中国新兴产业发展取得重大进展，智能制造装备、海洋工程装备、先进轨道交通装备、新能源汽车等新兴产业发展取得明显成效。目前，中国高端装备制造业产值占装备制造业比重已超过 10%。

大连船舶重工集团海洋工程有限公司在建的海洋钻井平台船体

纺织女工在车间内加工出口到海外的纺织品

消费品工业

30 多年来，中国轻工产品累计出口额已超过两万亿美元，竞争力大幅提升。自行车、缝纫机、电池、啤酒等 100 多种产品的产量居世界第一，家电、皮革、家具、羽绒制品、陶瓷、自行车等产品占国际市场份额 50% 以上。

中国织造享誉全球。中国化纤、纱、布、呢绒、丝织品和服装产量均居世界第一位，其中棉花产量约占世界总产量的 1/4，化纤产量占据了全球化纤总产量的半壁江山。纺织工业是中国最具国际竞争力的优势产业之一。在吸纳就业方面，规模以上纺织企业直接就业人口超过 2000 万人，间接就业人口达到 1 亿人。

航天工业

作为世界上第5个独立自主研制和发射人造地球卫星、第3个掌握卫星回收技术的国家，中国在卫星回收、一箭多星、火箭技术以及静止轨道卫星发射与测控等多个重要技术领域已跻身世界前列。在遥感卫星、通信卫星研制及其应用、载人飞船等方面也都取得重大进展。这些成果均已应用于国民经济各个领域中并服务于社会。

2013年6月，“神舟十号”载人飞船发射并完成与“天宫一号”空间交会对接任务后，标志着中国载人航天全面进入空间实验室和空间站研制阶段。2014年10月24日，中国自行研制的探月工程三期再入返回飞行试验器发射升空，并于11月1日在预定区域顺利着陆，标志着中国已全面突破和掌握航天器以接近第二宇宙速度的高速再入返回关键技术。

如今，中国先后研制了12种不同型号的“长征”系列运载火箭，建成了酒泉、西昌、太原三大航天发射场，并成为世界上少数几个拥有天基测控能力的国家之一。航天技术已发展成为以军工高科技为先导，以运载火箭、应用卫星为主体的，专业门类齐全的科研、实验、生产基本配套的航天科学研究系统和生产、实验基地。

中国愿意在相互尊重、互利合作、和平利用、共同发展的原则指导下，在大范围、宽领域、高层次上与世界上各个友好国家开展更广泛的国际合作，使航天事业的发展更好地体现和平利用外层空间，造福全人类。

2015年4月21日，中国航天武威新能源装备制造产业园的工作人员正在组装风机。

2014年10月24日，中国探月工程三期再入返回飞行试验器在西昌卫星发射中心由“长征三号丙”运载火箭发射升空。

中国手机用户已近13亿。图为山东日照市民在用手机拍照。

信息产业

信息产业已成为中国工业的第一支柱产业。2014年，中国规模以上电子信息产业企业个数超过5万家，全年完成销售收入总规模达到14万亿元；移动智能终端等产品加速发展，信息消费快速增长，2014年，电子商务市场规模突破12万亿元。

近年来，信息产业效益稳步增长、结构调整明显，智能化、网络化、绿色化发展趋势突出，集成电路、平板显示、智能终端、云计算、移动互联网等重点项目及新兴领域稳步推进。随着新技术、新业态、新模式的快速发展，电子信息产业变革、创新、融合的格局正在加快形成。

数据显示，截至2014年12月，中国网民规模达6.49亿，互联网普及率为47.9%，城镇网民家庭Wi-Fi的普及比例为81.1%。而在2014年上半年，智能手机对功能手机的替代已经基本完成。

中国4G商用进程全面启动，截至2014年12月，中国4G用户总数达9728.4万户。2014年，新浪微博、京东、阿里巴巴等知名互联网企业赴美上市，比特币、互联网理财、网络购物、O2O模式等成为热点。

在互联网普及的同时，中国也更加重视互联网安全，中央网络安全和信息化领导小组于2014年2月成立，旨在全力打造安全上网环境；8月，中央全面深化改革领导小组审议通过了《关于推动传统媒体和新兴媒体融合发展的指导意见》，推动传统媒体与新媒体融合的工作正式提上社会经济发展日程，推动互联网成为新型主流媒体，打造现代传播体系。

去网上看看

http://www.cmse.gov.cn/

中国载人航天工程网，中国载人航天工程于1992年9月21日由中国政府批准实施，代号“921工程”。为了加强对工程的管理，设立“中国载人航天工程办公室”（CMSEO），代表政府行使管理职能。

服务业

服务业尤其是现代服务业的快速发展，是近几年中国产业结构调整的突出特征。交通运输、批量零售、餐饮等传统服务业得到了长足的发展。为适应工业化、城镇化、市场化、信息化、国际化等的需要，金融保险、房地产、信息咨询、电子商务、现代物流、旅游等一大批现代服务业呈加速发展态势，大大提高了服务业的整体质量和水平。

中国政府目前正把推动服务业大发展作为产业结构优化升级的重点，使一、二、三产业结构相协调，力争到2015年，将服务业占GDP的比重提高到55%。

北斗卫星导航系统

北斗卫星导航系统是中国正在实施的自主研发、独立运行的全球卫星导航系统。2014年11月，国际海事组织海上安全委员会将北斗系统纳入全球无线电导航系统，意味着北斗卫星导航系统被联合国确认为全球卫星导航系统四大核心供应商之一。

2015年5月13日，浙江驰骋控股有限公司的配送中心内，员工们正在为客户分拨配送货源。

新疆第一条山区高速公路：赛里木湖—果子沟口高速公路。

四通八达的交通网

近年来，中国交通运输的线路网络和客货运量均保持快速增长。

畅通的公路，奔忙的汽车。

公路

公路是中国重要的交通基础设施。到2014年末，全国公路总里程已达446.39万公里。高速公路建设继续保持快速发展势头。2014年末，全国高速公路里程达11.145万公里。根据《国家高速公路网规划》，中国将形成一

高速公路里程

个“首都连接省会、省会彼此相通、连接主要城市、覆盖重要县市”的国家高速公路网络。

铁路

近年来，中国铁路建设规模之大、标准之高、速度之快是中国铁路发展史上从未有过的。2006 年青藏铁路正式全线建成通车，是世界海拔最高、线路最长的高原铁路。2010 年，大秦铁路打破世界铁路重载纪录，年运量突破 4 亿吨。截至 2014 年底，中国铁路营运里程突破 11.2 万公里。

中国大举建设高速铁路。截至 2014 年 12 月底，中国时速达 200 公里以上的高速铁路新线运营里程已经达到 19369.8 公里，占全球高速铁路运营里程的 50% 以上。中国已成为世界上高速铁路发展最快、系统技术最全、集成能力最强、运营里程最长、营运速度最高、在建规模最大的国家。

目前，中国已基本建成以“四纵四横”为骨架的全国快速铁路客运网，已基本形成以北京为中心的 1 小时至 8 小时交通圈，除乌鲁木齐、拉萨、海口以外，绝大部分省会城市都将被纳入这个快速交通圈。随着高速铁路逐渐成网，坐火车可以像坐公交车一样，随到随买票，速度快，环境也接近航空标准。

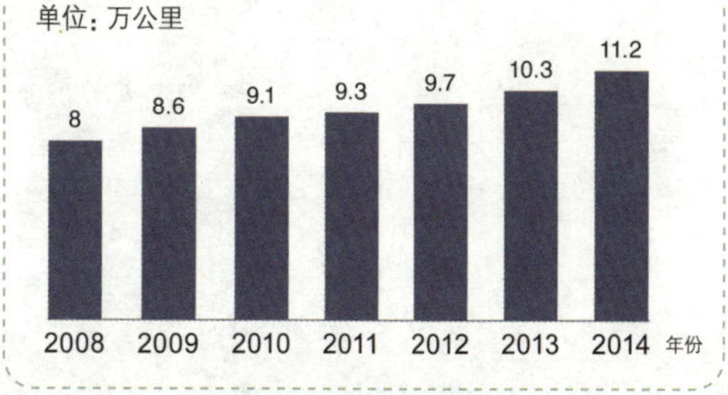

铁路营业总里程

武广高铁首列从武汉驶出

城市轻轨

近年来，为缓解城市交通压力，中国政府加大了对城市轻轨的投入力度。目前，数条城市轻轨线路已在北京、天津、上海、重庆、广州、大连、南京等许多城市建成并投入使用。预计到2020年，将建成轻轨线路约2000公里；2050年前，将全部建成约4500公里的轻轨线路。届时，城市轻轨铁路将与地下铁道、市郊铁路及其他轨道交通构成一个城市的快速轨道交通体系，它们互联互通，完成的运量可达到城市公共交通运量的50%至80%。

中国大陆第一条轻轨线路：长春轨道交通3号线。

港口

中国已在长江干线、西江航运干线和京杭运河等沿线相继建成了一批规模化、专业化港区。港口建设取得显著成效，成为带动临港工业、促进区域经济发展的引擎。在全国 16 个年吞吐量过亿吨的港口中，上海港、深圳港、青岛港、天津港、广州港、厦门港、宁波港、大连港等港口已进入集装箱港口世界 50 强，其中上海港位居世界第一大港。

宁波港

中国港口示意图

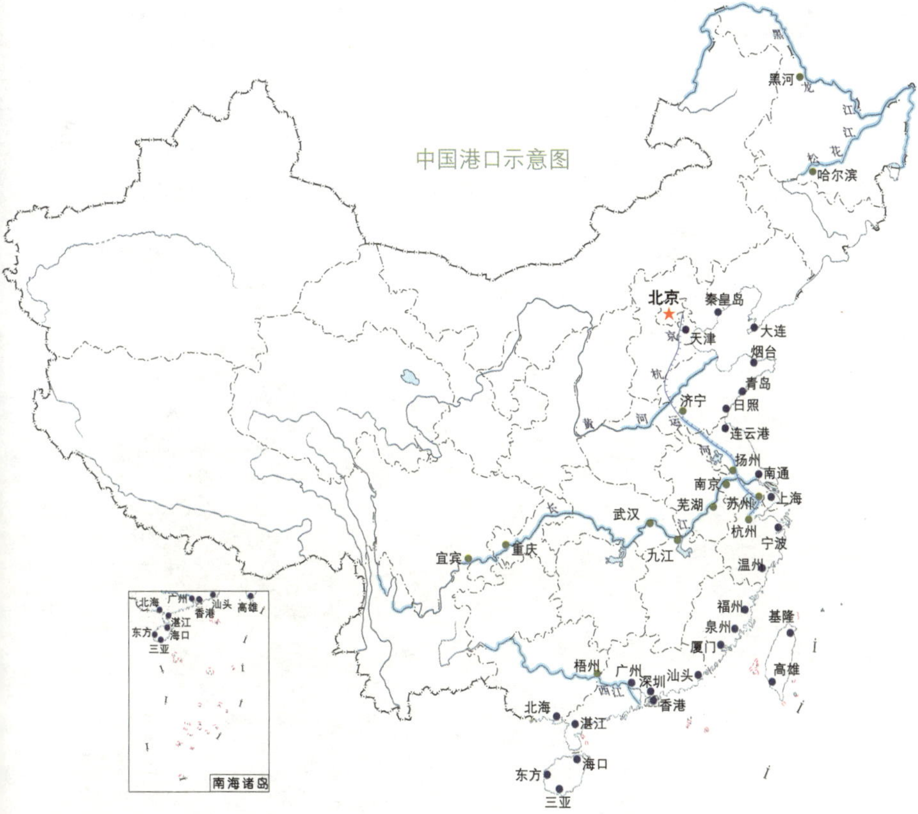

中国国际航空公司飞机驶向云端

民航

近年来，中国民航航空业务规模快速增长，已成为全球第二大航空运输系统。2014 年，中国大陆地区颁证民用航空机场达到 202 个。民航运输服务能力不断提升，航班正点率不断提高，乘坐飞机出行已成为大众化的出行方式。2014 年，全行业完成运输总周转量 742 亿吨公里、旅客运输量 3.9 亿人次和货邮运输量 591 万吨。

中国的民航公司以国有为主，主要有国航、南航、东航、海航等。民营与中外合资航空公司近年来受到政府支持，呈现发展势头。

金融体系

中国已经基本形成由中央银行调控和监督、国家银行为主体、政策性银行与商业性银行分工、多种金融机构功能互补的金融体系。同时，中国的互联网金融也呈现快速发展势头。

银行业

银行业在中国金融业中处于主体地位。按照银行的性质和职能划分，中国现阶段的银行可以分为三类：中央银行、商业银行、政策性银行。

中国人民银行行使中央银行职能，负责管理货币政策、货币发行和外汇黄金储备。中

互联网金融

互联网金融是指以依托于支付、云计算、社交网络以及搜索引擎等互联网工具，实现资金融通、支付和信息中介等业务的一种新兴金融。在中国金融变革的大背景下，“互联网金融”逐渐成为热点话题，余额宝、众筹、团购理财、P2P，互联网金融的创新以人们意想不到的速度在革新，而传统金融机构也主动融入互联网、加快布局，让整个行业焕发新的活力，出现了网络贷款、大数据金融、互联网金融门户、第三方支付、众筹、在线金融信息服务等多种模式。

2015 年春节，互联网金融打响“红包大战”。

中国人民银行

国工商银行、中国银行、中国农业银行和中国建设银行为国有商业银行。中国农业发展银行、国家开发银行、中国进出口银行一度是政策性银行，国家开发银行已由政策性银行改造成股份制商业银行，中国进出口银行改革方案基本完成。

除此之外，中国还有100多家城市商业银行和上千家城市信用社，以及一大批农村信用社。在华营业性外资金融机构有近200家，其中已有80余家获准从事人民币业务。

中国的金融机构改革取得突破性进展，中国银行、中国建设银行、中国工商银行和中国农业银行先后完成股份制改造，并在香港和上海两地成功上市。政策性银行改造成股份制商业银行正在推进中。目前，四大国有商业银行的市值、盈利能力、资本、品牌、规模以及存款排名均在世界各大银行中位列前茅。

货币及汇率

人民币是中国法定货币，由中国人民银行统一发行和管理。人民币汇率由中国人民银行制定，国家外汇管理局对外发布，并由国家外汇管理局行使外汇管理职权。

人民币汇率经历了由单一汇率到复汇率（官方牌价与外汇调剂价格并存）再到单一汇率的变迁。中国的汇率政策是一贯的和负责任的，中国一直在稳步推进人民币汇率形成机制改革。中国将按照主动性、可控性、渐进性的原则，完善有管理的浮动汇率制度，更大程度发挥市场供求作用，增强人民币汇率弹性，保持其在合理均衡水平上的基本稳定。

银行营业员办理存款业务

股民关注股票行情

证券

1990年和1991年，中国在上海和深圳分别建立了证券交易所。短短十余年，股票市场从小到大，从无序到有序，走过了许多国家需要上百年经历的路程。对国民而言，储蓄存款不再是唯一的理财方式，股市已经成为最重要的投资渠道之一。

上海交易所和深圳交易所已成为股票市场的龙头，遍布全国各地的证券交易和结算网络系统，实现了无纸化发行与交易，主要技术手段已达到世界先进水平。并且，随着互联网的发展，券商在互联网运营和创新上越来越灵活和机动。

经历了长达十年的筹建，2009年10月，创业板诞生。2012年，广受关注的创业板退市制度出台，这是A股历史上第一个具有真正意义的退市制度。2013年12月，随着全国中小企业股份转让系统（俗称“新三板”）的服务范围扩大至全国，这个素有“中国纳斯达克”之称的场外资本市场，为众多中小企业开辟了一场资本盛宴。

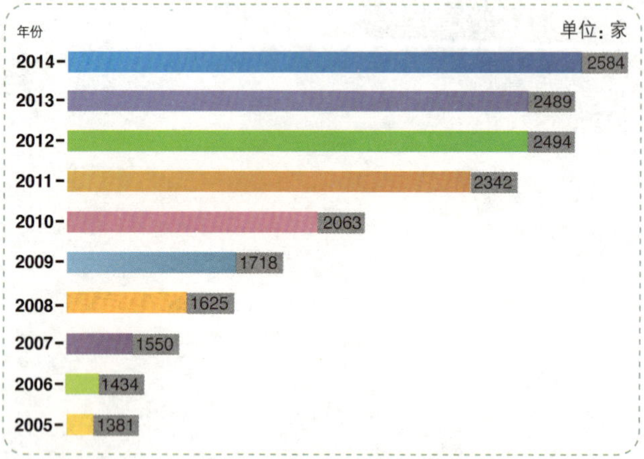

上市公司数量

保险

中国保险业在经历了20年的停顿之后，于1980年开始恢复。目前，中国保险业积极探索和开拓国际市场，已在东南亚、欧洲和北美等地区设立了众多保险营业机构和保险代表处。

旅游业：世界最大的旅游市场

旅游市场

中国旅游市场快速增长。2014年全年国内游客36.1亿人次，比上年增长10.7%，国内旅游收入30312亿元，增长15.4%。入境游客12849万人次，其中，外国人2636万人次，香港、澳门和台湾同胞10213万人次。国际旅游外汇收入569亿美元，增长10.2%。2014年，中国游客出境游达到11700万人次。

中国居民每年人均出游2.5次，已形成世界规模最大的旅游市场；年入境过夜旅游人数超过5000万人次，是全球第三大入境旅游接待国。

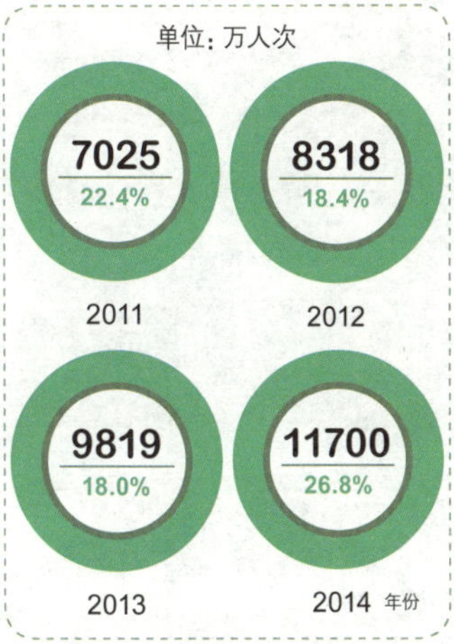

出境旅游人数

北京颐和园

贵州西江千户苗寨

旅游服务

中国的民航、铁路、内河及海洋客运、公路交通事业发展迅速，为海外旅游者来华以及在中国旅游提供了交通保证与方便。各大中城市和旅游景点都有设备齐全、服务周到的饭店接待国内外游客。

中国现有旅行社逾2万家，其中约2000家是国际旅行社，可以承揽境外游客在华旅游业务。国际旅行社中，有1000多家还可以承揽中国居民赴境外旅游业务。2003年开始，中国政府允许设立外商控股、外商独资旅行社。迄今为止，中国已有20余家外商控股或外商独资旅行社。

中国有110座有上千年历史的文化名城，近400个优秀旅游城市。中国有56个民族，民风民俗各异，尤以少数民族居民较多的云南、贵州、四川、广西、湖南、湖北、甘肃、宁夏、西藏、内蒙古、新疆最为丰富多彩。2013年10月，中国首部旅游法实施，它进一步规范了中国的旅游市场。

中国 2015

08

生态环境

中国是世界上人口最多的发展中国家。随着经济持续快速发展，发达国家上百年工业化过程中分阶段出现的环境问题，在中国集中出现，环境与发展的矛盾日益突出。2015 年，《关于加快推进生态文明建设的意见》的发布，要求深入持久地推进生态文明建设，加快形成人与自然和谐发展的现代化建设新格局。

●环境保护法制和体制 ●应对气候变化
●空气治理 ●水污染治理 ●森林资源保护 ●湿地保护
●海洋环境保护 ●自然保护区 ●拯救濒危动植物
●民间环保 ●国际环境合作

2015 年 4 月 7 日，中原油田石油化工总厂二氧化碳回收项目施工现场，质量监督人员在进行技术核对。

环境保护法制和体制

中国宪法明确规定："国家保护和改善生活环境和生态环境，防治污染和其他公害。"20 世纪 80 年代，中国政府把环境保护确立为一项基本国策。1989 年，首部《环境保护法》正式颁布，2015 年 1 月 1 日起施行修订的《环境保护法》。20 余年来，陆续颁布了《节约能源法》、《可再生能源法》、《循环经济促进法》、《大气污染防治行动计划》、《关于加强国家重点生态功能区环境保护和管理的意见》、《实行最严格水资源管理制度考核办法》、《水污染防治行动计划》、《关于加快推进生态文明建设的意见》等法律法规及文件，发布国家环保标准 135 项，使现行有效国家环保标准达 1499 项，环境保护法律体系日趋完善。此外，中国也已建立国家和地方环境保护标准体系。2008 年，国家环境保护总局正式升格为国家环境保护部。

中国实行各级政府对当地环境质量负责，环境保护行政主管部门统一监督管理，各有关部门依照法律规定实施监督管理的环境管理体制。国家建立了全国环境保护部际联席会议制度，并建立了区域环境督查派出机构，以加强部门和地区间的协调与合作。

中国政府发表的《2012 年中国人权事业的进展》白皮书中，首次提及生态人权保障，将生态文明纳入中国人权保障范畴，强调“中国坚持树立尊重自然、顺应自然、保护自然的生态文明理念，将生态文明建设放在突出地位”。

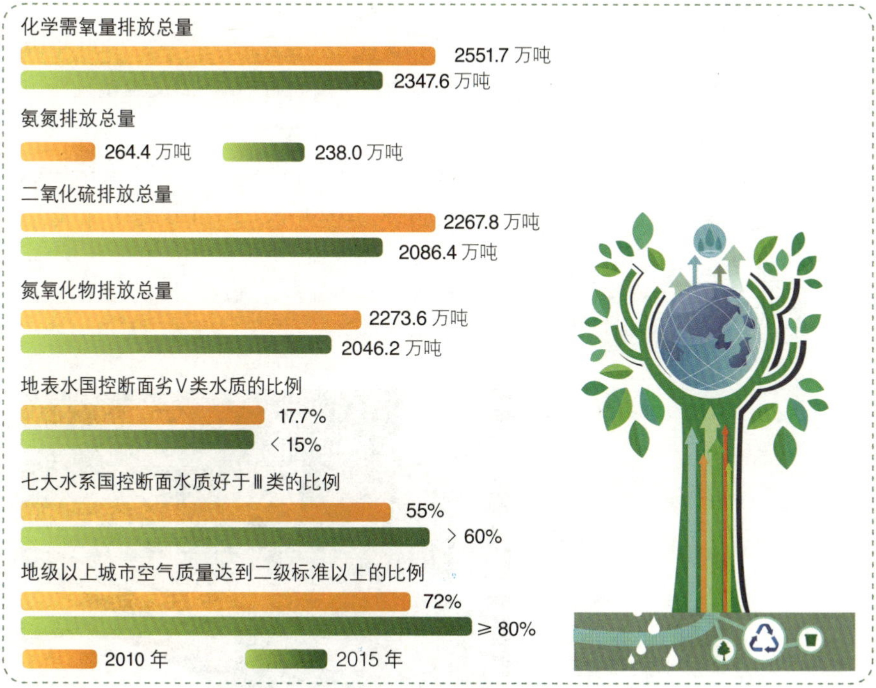

“十二五”环境保护主要指标

应对气候变化

中共十八大报告首次专章论述生态文明，首次提出“推进绿色发展、循环发展、低碳发展”和“建设美丽中国”。过去10年间，从巴厘岛到哥本哈根、德班、华沙、利马，在历届气候大会上，中国许下并切实履行绿色发展的庄严承诺；从“十一五”首次设立约束性指标，到清理整顿钢铁等高耗能行业，从实施京津风沙源治理等系列生态工程到出台节能减排计划，从单位国内生产总值能耗下降12.9%到生态补偿机制稳步推进，逐步走上“前人种树、后人乘凉”的绿色发展之路。

2006年，中国提出了2010年单位国内生产总值能耗比2005年下降20%左右的约束性指标，2007年在发展中国家中第一个制定并实施了应对气候变化国家方案，2009年确定了到2020年单位国内生产总值温室气体排放比2005年下降40%～4 5%的行动目标。截至目前，中国已经确立了一系列具有法律约束力的指标。2020年，单位国内生产总值二氧化碳排放强度比2005年下降40%～45%，用水总量力争控制在6700亿立方米以内，万

节能与新能源汽车产业发展规划

《节能与新能源汽车产业发展规划（2012~2020年）》出台后，北京、上海等多地陆续颁布了针对新能源汽车市场推广的补贴细则，政策红利刺激着许多车企投身新能源汽车技术的研发。新能源汽车产业或将成为未来中国汽车市场新的增长极。在上海、北京两个大型车展中，代表最新技术趋势的大量新能源汽车在琳琅满目的展车中逐步占据重要位置。

2015年5月起，北京将对电动乘用车、商用车和船舶减免车船税。图为电动出租车充电站。

新疆风力发电

元工业增加值用水量降低到 65 立方米以下，农田灌溉水有效利用系数提高到 0.55 以上，非化石能源占一次能源消费比重达到 15% 左右。

中国坚持《联合国气候变化框架公约》和《京都议定书》双轨谈判机制，坚持缔约方主导、公开透明、广泛参与和协商一致的规则，积极发挥联合国框架下的气候变化国际谈判的主渠道作用。

2007 年，中国积极参加了印尼巴厘岛联合国气候变化谈判会议，为巴厘路线图的形成作出了实质性贡献。2009 年，中国积极参加哥本哈根会议谈判，为打破谈判僵局、推动各方形成共识发挥了关键性作用。

2013 年，在华沙气候大会上，中国《国家适应气候变化战略》正式对外发布。这是中国第一部专门针对适应气候变化方面的战略规划。国家发改委副主任解振华表示，中国的立场是公开透明的，将积极应对气候变化，加大节能减排力度。

2014 年，利马气候大会前夕，中美两国领导人正式发表了《中美气候变化联合声明》，宣布了两国各自 2020 年后应对气候变化的行动目标，同时，双方还确定了在低碳、环保、清洁能源等领域开展一系列合作项目。

中国是最早制定实施《应对气候变化国家方案》的发展中国家，先后制定和修订了《节约能源法》、《可再生能源法》、《循环经济促进法》、《清洁生产促进法》、《森林法》、《草原法》和《民用建筑节能条例》等一系列法律法规，把法律法规作为应对气候变化的重要手段。中国是近年来节能减排力度最大的国家，不断完善税收制度，积极推进资源性产品价格改革，加快建立能够充分反映市场供求关系、资源稀缺程度、环境损害成本的价格形成机制；全面实施重点节能工程和企业节能计划，在工业、交通、建筑等重点领域开展节能行动；深入推进循环经济试点，大力推广节能环保汽车，实施节能产品惠民工程；推动淘汰高耗能、高污染的落后产能。中国是新能源和可再生能源增长速度最快的国家，在保护生态的基础上，有序发展水电，鼓励支持农村、边远地区和条件适宜地区大力发展太阳能、地热、风能等新型可再生能源。中国也是世界人工造林面积最大的国家，持续大规模开展退耕还林和植树造林。

去网上看看

http://www.zhb.gov.cn/

中华人民共和国环境保护部，为国务院组成部门，负责拟订并实施环境保护规划、政策和标准，组织编制环境功能区划，监督管理环境污染防治，协调解决重大环境保护问题，以及环境政策的制订和落实、法律的监督与执行、跨行政地区环境事务协调等。

空气治理

中国大气污染防治工作起步于 20 世纪 70 年代初，主要从两个方面入手，一是防治新污染发展；二是对现有污染源进行治理和加强管理，使大气污染程度减轻。

20 世纪 70 年代初期，中国针对大气进行了全国性的现状调查，并于 1973 年 8 月召开了第一次全国环境保护会议，同年 12 月颁布了中国第一个环境标准《工业“三废”排放试行标准》，明确提出了新建、改建、扩建项目

PM2.5

指的是空气动力学直径小于等于2.5微米的颗粒物，又称为可入肺颗粒物，或细颗粒物，是表征环境空气质量的一个主要污染物指标。

的防治污染和其他公害的设施必须与主体工程同时设计、同时施工、同时投产的“三同时”要求。

2000 年 4 月，第九届全国人大常委会第十五次会议通过修订后的《大气污染防治法》，是中国在依法防治大气污染轨道上又一重大进展。2010 年 5 月，国务院办公厅出台《关于推进大气污染联防联控工作改善区域空气质量指导意见》，这是中国第一个综合性大气污染防治政策，在环保政策措施方面取得十大突破和创新，明确了今后一个时期大气污染防治的指导思想、工作目标和重点措施。

2012 年，中国发布了新修订的《环境空气质量标准》，增加了细颗粒物（PM2.5）和臭氧（O_3）8 小时浓度限值监测指标。从 2013 年 1 月开始，中国多地屡遭雾霾，空气质量为“重度污染”或“中度污染”，北京发布了气象史上首个霾橙色预警，首次启动极重污染日应急措施。雾霾、沙尘天气给大气环境、群众健康、交通安全带来了严重影响。2013 年国家出台《大气污染防治

和谐号列车穿越居庸关长城附近花海

雾霾与APEC蓝

2014年，“APEC蓝”一度升至微博搜索榜榜首位置，这从一个侧面反映出人们深受雾霾天气困扰的严峻现实。2014年11月份北京的“APEC蓝”，就是一场治霾“攻坚战”。北京市在APEC期间采取机动车单双号限行等多项措施，空气质量明显改善。12天里，北京空气质量优良天数达到11天，PM2.5同比下降55%。

行动计划》，被认为是中国有史以来最为严格的大气治理行动计划。计划要求2017年全国PM10浓度普降10%，京津冀、长三角、珠三角等区域的PM2.5浓度分别下降25%、20%和15%左右，要求经过五年努力，全国空气质量“总体改善”，并将环境质量是否改善纳入官员考核体系之中。

2014年，从中央到地方，密集的政策与行动，标志着“重典治霾元年”的开始。“十二五”（2011–2015年）前三年，中国环保投入每年以2000亿元以上的幅度增加。

新疆伊犁草原上的马群。伊犁草原近年实行保护与恢复措施。

四川黄龙的钙华彩池。这里有保存完好的各类地形、地貌和生态资源。

水污染治理

1972 年，中国开始了第一次大规模的污染治理工程——官厅水库的污染调查与治理，历时 8 年，先后完成了 112 项治理工程。

1991 年 8 月，国务院环境保护委员会委托国家环境保护局和建设部联合召开了第二次全国城市环境保护工作会议，要求各级城市政府积极推动污染集中控制，加强城市基础设施建设，加强饮用水水源保护，整治城市河湖，进一步开展了城市水环境综合整治。通过城市水环境综合整治，重点城市污染发展趋势有所缓解，部分水环境质量指标基本稳定。

1989 年 2 月，淮河首次发生重大污染事故，几百万人生活受到威胁，经济损失超亿元。1993 年国务院决定对淮河流域水污染实施重点治理，以“三河”（淮河、海河、辽河）、“三湖”（太湖、巢湖、滇池）等流域为重点，开

让农民喝上安全水

2002年，在约翰内斯堡世界可持续发展峰会上，提出到2015年全世界农村饮水不安全人口减少一半。2013年年底，中国已经解决了4亿多农村人口饮水不安全问题。2015年，安排中央预算内投资36亿元，支持解决甘肃、青海、四川、云南四省藏区，新疆维吾尔自治区和新疆生产建设兵团，重庆三峡库区，湖南洞庭湖区等四大片区规划外新出现的558.3万农村人口饮水安全问题。

展了大规模的流域治理工作，水污染防治进入实施重点流域污染治理阶段。

从 2003 年起，国家环保总局开始每年向社会公布全国重点流域、海域水污染防治工作年度进展情况。由于数年来的有效治理，一些污染严重的重点流域水环境已明显改善；黄河连续十几年实现不断流。

自 2007 年开始，国家就投入数十亿元资金，全面启动“水体污染控制与治理”项目，突出饮用水安全、流域性环境治理和城市水污染治理三大重点；加强农村饮水安全工程建设，争取尽快解决 4 亿多农村人口存在的饮水不安全问题。《中华人民共和国国民经济和社会发展第十二个五年规划纲要》也明确提出:实施主要污染物排放总量控制，并实行严格的饮用水水源地保护制度，加强造纸、印染、化工、制革、规模化畜禽养殖等行业污染治理，继续推进重点流域和区域水污染防治，把保障城乡人民饮水安全作为首要任务。

2013 年 7 月，国务院总理李克强主持召开国务院常务会议，研究部署加快发展节能环保产业，促进信息消费，拉动国内有效需求，推动经济转型升

黄河源头约古宗列盆地

云南大理冬樱花盛开

级。2015年正式出台《水污染防治行动计划》计划,提出238项具体治理措施,要求狠抓工业污染防治。到2020年,全国用水总量控制在6700亿立方米以内。

森林资源保护

目前，中国森林面积2.08亿公顷，森林覆盖率达21.63%，森林蓄积量达151.37亿立方米。在全球森林资源总体下降的情况下，中国森林资源连续30多年持续增长。到2020年，中国森林覆盖率将达到23%以上。但是，中国仍然是一个缺林少绿、生态脆弱的国家，森林覆盖率远低于全球31%的平均水平，人均森林面积仅为世界人均水平的1/4，人均森林蓄积只有世界人均水平的1/7。自20世纪50年代以来，中国创造了世界人工造林的奇迹，人工林面积由0.22亿公顷扩大到0.69亿公顷，并保持在世界首位。在世界森林资源持续下降的趋势中，中国保持了森林面积和蓄积量双增长，被联合国环境署列为世界上保留森林最多的15个国家之一。一项有效保护森林资源的措施是1998年开始启动的天然林保护工程，要求在全国范围内停止砍伐天然林。在多个地区，昔日的伐木工人如今变成了护林人。

黑颈鹤越冬的最好家园——香格里拉纳帕海湿地。

湿地保护

湿地与森林、海洋并称为全球三大生态系统，被誉为“地球之肾”。中国湿地类型众多，生物多样性丰富，单块面积大于100公顷的湿地总面积为3848万公顷，居世界第四位、亚洲第一位。

为加强湿地保护，中国政府采取了不少举措。1992年，中国加入国际《湿地公约》，目前已按照《湿地公约》的规定指定了46块国际重要湿地。然而，近年来，工程圈占、盲目围垦等不合理利用湿地资源的现象时有出现。中国科学院遥感应用研究所2012年发布的“中国国家级湿地自然保护区保护成效初步评估”研究结果显示，近30年来，中国国家级湿地自然保护区内湿地面积总体呈现下降趋

中国湿地“家底”

中国湿地总面积5360.26万公顷，湿地面积占国土面积的比率为5.58%，其中，自然湿地面积4667.47万公顷，占全国湿地总面积的87.08%。中国湿地面积10年减少了339.63万公顷，减少率为8.82%。目前中国受保护湿地面积2324.32万公顷，湿地保护率为43.51%。

中国湿地有湿地植物4220种，湿地植被483个群系；脊椎动物2312种，隶属于5纲51目266科，其中湿地鸟类231种。湿地是“物种基因库”。

势。从 2013 年5月起，不合理利用湿地资源的行为有望被遏制，中国湿地保护有了更坚实的屏障。2013 年5月1日起正式施行的《湿地保护管理规定》明确指出，除法律法规有特别规定的以外，在湿地内禁止从事开（围）垦湿地，放牧、捕捞；挖砂、取土、开矿；排放生活污水、工业废水等破坏湿地及其生态功能的活动。2014 年，一项重大的制度设计——湿地补贴政策开始建立，标志着中国湿地保护制度建设正在逐步健全。这些财政补贴涵盖湿地保护与恢复、湿地保护奖励等多个方面。

尕海湿地

海洋环境保护

2015 年，国家海洋局新批复辽宁团山、福建崇武、广东南澳三个国家级海洋保护区；至此，中国各类海洋保护区增加到 260 处。目前，全国各类海洋保护区保护面积 10 万多平方公里，约占我国管辖海域总面积的 3.3%。

众多的海洋自然保护区保护了具有较高科研、教学、自然历史价值的海岸、河口、岛屿等海洋生境，保护了中华白海豚等珍稀濒危海洋动物及其栖息地，也保护了红树林、珊瑚礁、滨海湿地等典型海洋生态系统。中国《海洋环境保护法》对海洋环境的监督管理，海洋环境的调查、监测、监视、评价和科学研究，防治海洋污染工程建设项目和遏制海洋倾倒废弃物对海洋污染损害等方面也作了具体的规定。

北极观察员

自2006年中国向北极理事会提出申请以来，经过7年等待，2013年5月，中国终于从临时观察员成为正式观察员。自上世纪90年代中国就开始加强了对北极事务的关注和研究，并于1999年派出首支北极科学考察队，至今已进行过5次北极科考活动。2004年，中国建立了北极黄河站，成为中国北极科考的大本营。

自然保护区

中国第一个自然保护区为1956年划定的广东肇庆鼎湖山自然保护区。截至2013年底，全国共建立各种类型、不同级别的自然保护区约2697个，其中国家级自然保护区407个，全部保护区超过陆地国土面积的15%，超过了全球12%的平均水平。这些自然保护区使全国90%的陆地生态系统类型、85%的野生动物种群、65%的高等植物群落得到了有效保护。

2000年8月设立的三江源自然保护区平均海拔4200米，是中国面积最大（总面积3180万公顷）、生物多样性最集中的保护区。该保护区地处青藏高原腹地，位于长江、黄河和澜沧江的源头地区。2005年国家投资75亿元启动三江源生态保护和建设工程，2011年底国务院在三江源地区建立首个"国家生态保护综合试验区"，更高层次的三江源生态保护建设工作拉开序幕。自然保护区最多的省份是广东，有约300个。四川的卧龙和九寨沟、吉林的长白山、广东的鼎湖山、甘肃的白水江等自然保护区，被联合国教科文组织列为"世界生物圈保护区"。

拯救濒危动植物

中国野生动植物资源丰富，拥有世界上最多的鸟类种数，裸子植物种类也居世界首位，为生物多样性最丰富的国家之一。但中国的生物多样性正面临着严峻形势，据估计，野生高等植物濒危比例达15%～20%，裸子植物和兰科植物高达40%以上；233种脊椎动物面临灭绝，约44%的野生动物呈数量下降趋势，非国家重点保护野生动物种群下降趋势明显。

作为《生物多样性公约》较早的缔约国之一，中国一直积极参与有关公约的国际事务，就国际履约中的重大问题发表意见。中国还是世界上率先完成公约行动计划的少数国家之一。

《生物多样性公约》规定，每一缔约国要根据国情，制定并及时更新国家战略、计划或方案。完成于1994年的《中国生物多样性保护行动计划》，使大量保护生态环境的活动有章可循。目前，该行动计划确定的七大目标已基本实现，行动计划的实施有力地促进了中国生物多样性保护工作的开展。

近年来，随着转基因生物安全、外来物种入侵、生物遗传资源获取与惠益共享等问题的出现，生物多样性保护日益受到国际社会的高度重视。目前，中国生物多样性下降的总体趋势尚未得到更有效遏制，生物物种资源流失严重的

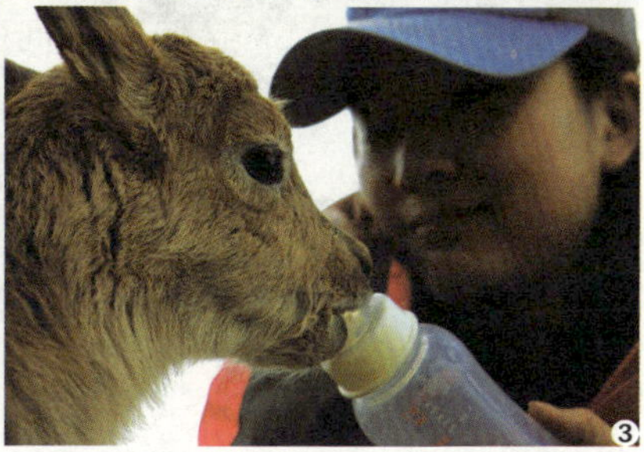

① 湖南张家界自然保护区内吃芒果的猕猴

② 吉林省汪青县自然保护区放生黑熊

③ 志愿者在可可西里自然保护区护理藏羚羊羔

形势没有得到根本改变。

为落实公约的相关规定，进一步加强中国的生物多样性保护工作，有效应对生物多样性保护面临的新问题、新挑战，完成编制了《中国生物多样性保护战略与行动计划》（2011 ~ 2030 年），提出了中国未来 20 年生物多样性保护总体目标、战略任务和优先行动。

政府有关部门重视对生物资源的有效保护，全国已建立野生植物种质资源保育或基因保存中心 400 多处，使上千种野生植物建立了稳定的人工种群。拯救濒危野生动物工程也初见成效，全国已建立 250 余个野生动物繁育中心，专项实施大熊猫、朱鹮等物种拯救工程。依据《野生动物保护法》，破坏野生

广东东莞集中销毁 6.1 吨象牙及其制品

动物资源的犯罪行为一律受到严厉处罚。目前，中国野生动植物保护基本扭转了珍稀濒危物种种群持续下降的态势，大熊猫、朱鹮、扬子鳄等70多种极度濒危物种正逐步摆脱灭绝的风险，栖息地不断优化。

民间环保

浙江宁波：反虐待动物行为艺术走上街头。

中华环保联合会是中国规模最大、也是最著名的半官方半民间的环保组织。各类环保民间社团组织了许多活动，如“少开一天车”、“26度空调节能行动”，以及“保护母亲河行动”等。

从1991年中国第一家环保民间组织黑嘴鸥保护协会开始，民间自发组成的中国环保民间组织已经走过20多年的发展道路。在中国环境保护大军中，中国环保民间组织越来越成为一支不能忽视的社会力量。

中国环保民间组织发展的历程，最早可追溯到1978年5月由政府部门发起成立的第一家环保民间组织——中国环境科学学会。1991年辽宁盘锦市黑嘴鸥保护协会注册成立，1994年梁从诫等20多名环保志愿者在北京

脸部绘有黑色图案寓意雾霾的环保志愿者在“世界地球日”宣传横幅前

江苏南通举行“废旧报纸环保 T 台秀”，呼吁人们关注环保、低碳生活。

成立“自然之友”，从此，中国由民间自发组成的环保民间组织相继成立。

除了上述两个组织之外，在这一时期还出现了中国大学生绿色营，带领年轻学子走上绿色之路，很多绿色营的营员后来成立中国民间环保先锋人士；杨欣为索南达杰的事迹所感动，走上保护长江源和藏羚羊的道路；国外留学回来的廖晓义创建了北京地球村环境文化中心；中央人民广播电台记者汪永晨组建了绿家园……

此后，在社会飞速发展的同时，区域性生态环境保护、生活消费型污染加剧等环境问题凸显，民间环保人的言行开始涉及到各种社会矛盾冲突，尤其是重大环境问题冲突。

这一时期的标志性事件之一是西南水电过度开发之争。西南水电过度开发争论由来已久，各地民间环保组织以各种方式响应着来自政府部门的质疑声。西南水电开发之争也开启了中国民间环保组织的一个崭新阶段，中国环保民间组织开始行使对社会管理的监督职责，如对大型经济活动的环境影响评价、对南京紫金山地区开发项目的环保评估等。

联合起来做强做大，是这个时期的特点之一，标志性的事情是成立“绿色选择联盟”，开展绿色选择活动。马军率领公众环境研究中心，联合了自然之友、绿家园、北京地球村等 21 家环保民间组织，成立了“绿色选择联盟”。他们从 2007 年开始做绿色选择，呼吁零售商和公众，不购买污染企业生产的产品，切断污染企业产品走向商品的链条，从而对污染企业形成监管之势。此后绿色选择联盟不断扩大，对污染和污染企业监督力度更大，引起社会关注，包括央视在内的国内社会影响较大的媒体都对这些污染企业给予了曝光质疑。

此外，江苏南京 8 家民间环保组织联合起来保护紫金山地区生态环境安全；廖晓义、汪永晨等在北京发起了“空调 26 度活动”，这一活动为国家所接受，上升成了国家政策。

目前，中国已经有近 8000 个民间环保组织，近些年来在许多国内外重大环境问题上，不断发出自己的声音，积极参与重要经济活动中保护生态环境的决策。如在北京六里屯垃圾焚烧厂、上海磁悬浮工程等公共环保事件中，民间环保组织的广泛参与在社会上引起极大的反响，成为不可忽视的社会力量。

国际环境合作

作为环境大国，中国始终以积极的态度参加全球环境活动，并在国际环境事务中发挥建设性作用。迄今，中国共参加了 50 多项涉及环境保护的国际条约，并积极履行这些条约规定的义务。中国政府相继颁布了 100 多项有关保护臭氧层的政策和措施，顺利完成了《关于消耗臭氧层物质的蒙特利尔议定书》规定的阶段性削减指标。

中国在国际上首创了“中国环境与发展国际合作委员会”的模式。该委员会作为政府的高级咨询机构，由 40 多位世界著名人士和专家组成，先后向中国政府提出了许多建设性建议，被国际社会誉为国际环境合作的典范。中国积极参与和推动区域环境合作，以周边国家为重点的区域合作框架初步形成。如中日韩三国环境部长会议、中欧环境政策部长级对话会议、中亚环境合作、亚欧环境部长会议、中国—阿拉伯国家环境合作会议，以及在上海合作组织框架下开展的环境合作机制等均取得积极进展。

由 WWF 举办的“2015 年地球一小时能见蔚蓝”北京主场活动在北京首都博物馆举行

中国保持着与联合国环境规划署、联合国开发计划署、全球环境基金、世界银行、亚洲开发银行等国际组织的良好合作关系，并开展卓有成效的合作。中国先后与美国、日本、俄罗斯等国家签署了双边环境保护合作协议或谅解备忘录，还与欧盟、德国、加拿大等国家和国际组织在双边无偿援助项下开展了多项环保领域的合作。

世界各国的民间环保组织，如世界自然基金会、国际爱护动物基金会等，与中国的有关部门和民间组织开展了多领域的合作，取得积极成果。

中国 2015

09

教育科技

中国拥有世界上最庞大的受教育人群。学历教育、职业培训、终身学习为代表的多层次教育结构日趋成熟。教育的普及激发了科技的进步，中国 60% 以上的科学技术达到或接近国际先进水平。

●教育体系 ●教育规划 ●国际教育交流 ●科技发展
●科技合作 ●社会科学

清華學堂

教育体系

教育体系

高等教育	研究生、博士生
	大学和学院
	专科学校、职业技术学院
中等教育	中等专业学校（技术学校、师范学校）
	职业中学（初中、高中）
	普通中学（初中、高中）
初等教育及学前教育	小学
	幼儿园、学前班
成人教育、军队院校、高等教育自学考试、民办高校、宗教学校	
特殊教育学校（班）	
继续教育、岗位培训等	

中国实施九年免费义务教育。上小学前有幼儿园学龄前教育，义务教育以后有普通高中教育和中等职业教育，以及包括大专以上学历的高等教育，还有各种形式的继续教育。

九年免费义务教育是中国教育的基础。对中国这样的人口大国，基础教育十分重要。中国已经在全国城乡实行了免费义务教育，把义务教育经费全面纳入国家财政保障范围。这是中国教育体制的一个历史性变革，从而使几千年来“有教无类”的理想变成了现实。在基本解决了有学上的问题之后，下一步将逐步解决义务教育资源配置不均衡问题，在全国或省（区、市）范围内，教育资源逐步向农村地区、少数民族地区、边疆地区、贫困地区倾斜；在同一城市和县域范围内，教育资源逐步向薄弱学校倾斜，逐步实现师资、设备、图书、校舍等均衡配置。由于各地经济社会发展水平的差异，义务教育发展的差异短期

一起去春游

小学运动会入场式

中国教育发展达到中等收入国家平均水平

第六次全国人口普查数据表明，中国的文盲率下降到4.08%，同时，每10万人中具有大学文化程度的由2000年的3611人上升为8930人。全国的小学学龄儿童净入学率达到99.79%，初中阶段毛入学率达到100%，高中和高等教育阶段的毛入学率分别为85%、30%。青壮年文盲率降到2%以下，成人文盲率降到5%以下，教育发展达到了中等收入国家的平均水平。

孩子们在公开课上自由讨论

内不可能完全消除，但缩小义务教育差距是中国促进教育公平的首要任务。

非义务教育也不断完善。在非义务教育阶段，要保障每一个孩子接受教育的基本权利，中国建立了以国家奖学金、国家励志奖学金、国家助学金、国家助学贷款、勤工助学、校内奖助学金、特殊困难补助、伙食补贴、学费减免等多种方式并举的资助政策体系，同时实施家庭经济困难新生入学“绿色通道”以及毕业生赴基层就业、应征入伍服义务兵役学费补偿贷款代偿等政策措施。这几年国家助学制度不断完善，建立了家庭经济困难学

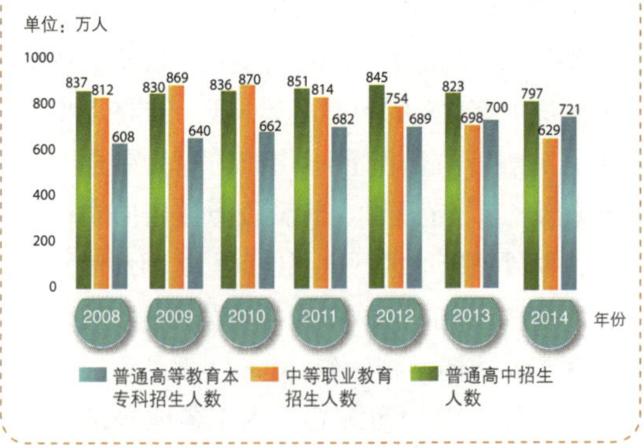

普通高等教育、中等职业教育及普通高中招生人数

生资助体系，实现从学前教育到研究生教育各个阶段全覆盖，每年资助金额近1000亿元，资助学生近8000万人次。实施中等职业教育免学费政策，覆盖范围包括所有农村学生、城市涉农专业学生和家庭经济困难学生。

特殊群体孩子的上学问题也得到了一定程度的解决。随着中国工业化、城市化加快推进，大量农村人口进入城市务工，由于城市人口本来基数就大，因而农民工子女上学问题日益突出，解决这些孩子上学的问题十分复杂。国家将进一步完善农民工等流动就业人口子女上学的政策，保证他们能够在全日制公办学校免费接受义务教育。中国法律法规中对保障残疾人受教育权利作出了明确规定：除了设立特殊教育学校外，凡能适应正常学习的残疾少年儿童，都可进入普通中小学随班就读。国家也将进一步保障残疾孩子平等接受教育，

希望工程

希望工程是中国青少年发展基金会于1989年发起实施的一项社会公益事业，其宗旨是资助贫困地区失学儿童重返校园，建设希望小学，改善农村办学条件。援建希望小学与资助贫困学生是希望工程实施的两大主要公益项目。2007年5月20日，希望工程全面升级，将对学生的“救助”模式拓展为“救助—发展”模式，更加关注贫困学生的自我发展能力的提高。

中关村海龙电子城向希望小学捐书

并加快特殊教育学校建设，同时创造条件让更多的残疾学生在普通学校上学。

农村教育尤为重要。中国 13 亿多人口超过半数生活在农村，一半以上的学龄儿童也在农村。这些年来，发展农村教育取得了不少进展。从 2006 年开始，国家免除了农村义务教育阶段学生的学杂费，还向农村义务教育阶段学生免费提供教科书，义务教育实现了全部免费，农村文盲大大减少。2011 年，国家启动了农村义务教育阶段学生营养改善计划，目前全国农村义务教育学生营养改善计划已经覆盖学校近 13.57 万所，近 3300 万学生从中受益。2013 年，中国启动教育扶贫工程，实施了农村义务教育薄弱学校改造计划。在加强农村教师队伍建设方面也做了大量工作，对集中连片特困地区教师发放生活补助。

近年来，教育向更深层次和更广范围发展，硕士及硕士以上更高学位的在校生数量持续增长。教育消费市场发展迅速，电脑、外语和各种专业资格认证培训与考试普及。继续教育成为时尚。

教育发展迅速的一个重要原因是教育投入的明显增长。从 1998 年起，国家财政支出中，教育经费所占比例每年递增 1 个百分点以上。按照教育部的一项发展计划，政府将建立与公共财政体制相适应的教育财政制度，强化各级政府对教育投入的责任，保证国家财政教育拨款的增长高于财政经常性收入的增长。

陕西省 2015 年普通高校招生美术专业阅卷现场

教育规划

《国家中长期教育改革和发展规划纲要（2010–2020年）》，是21世纪中国第一个教育改革发展规划纲要。这一纲要对教育改革和发展作出全面规划和部署。在现阶段，体制改革是教育改革的关键。《规划纲要》中关注的基础教育、职业教育、高等教育的体制改革和教学改革、教师培养、教育发展保障等重大问题，将对现有教育体制改革有重大影响。

“规划”指出，到2020年，将基本实现教育现代化，进入人力资源强国行列。将实现更高水平的普及教育作为重要目标：基本普及学前教育；巩固提高九年义务教育水平；普及高中阶段教育，毛入学率达到90%；高等教育大众化水平进一步提高，毛入学率达到40%；扫除青壮年文盲。

新增劳动力平均受教育年限从12.4年提高到13.5年；主要劳动年龄人口平均受教育年限从9.5年提高到11.2年，其中受过高等教育的比例达到20%，具有高等教育文化程度的人数比2009年翻一番。

在普及教育的同时，“规划”还要求形成惠及全民的公平教育，尤其提出要建成覆盖城乡的基本公共教育服务体系，逐步实现基本公共教育服务均等化，缩小区域差距；切实解决进城务工人员子女平等接受义务教育问题；保障残疾人受教育权利。

为满足社会对高素质技能型人才急剧增加的需求，国家全力建设两大职业教育工程：培训现代制造业、服务业技能型紧缺人才；培训向城镇转移的农村劳动力。

去网上看看

http://www.moe.gov.cn/

中华人民共和国教育部官方网站。中华人民共和国教育部政务信息公开网，发布中国教育相关权威信息和新闻资讯，设有英文版。

http://www.jyb.cn/

中国教育新闻网。由中国教育报刊社主办的以教育新闻为主的网络信息传播平台。

学生们在重庆市大足职教中心学习传统大足石雕技艺

北京语言大学内举办的大学生世界文化节

去网上看看

http://www.csc.edu.cn/

国家留学网。由教育部直属非盈利性事业法人单位国家留学基金管理委员会主办，是为中国留学生提供留学信息、基金支持信息等的网上平台，设有英文版。

http://www.cscse.edu.cn/

中国留学网。由中国教育部留学服务中心主办，发布出国留学、留学回国和来华留学以及教育国际交流与合作的有关服务信息。

国际教育交流

中国教育的国际合作与交流活动越来越频繁，与世界各国互派留学生成为合作与交流的主要内容之一。中国是世界上出国留学生最多的国家。到2020年，中国当年外国留学生人数将达到50万，将成为亚洲最大的留学目的地国家。来华留学教育已成为中外人民友好交往的重要桥梁。

引进国际优质教育资源也成为重要方向。中国希望更多世界一流的专家学者来华从事教学、科研和管理工作，并有计划地引进海外高端人才和学术团队；引进境外优秀教材，提高高等学校聘任外籍教师的比例；吸引海外优秀留学人员回国服务。

目前，学习汉语在世界各国有了更多的需求。从2004年开始，中国与相关国家合作，在海外设立以教授汉语和传播中华文化为宗旨的、非营利性的孔子学院。目前，全球已有485所孔子学院，另有886个孔子课堂，分布在133个国家和地区。

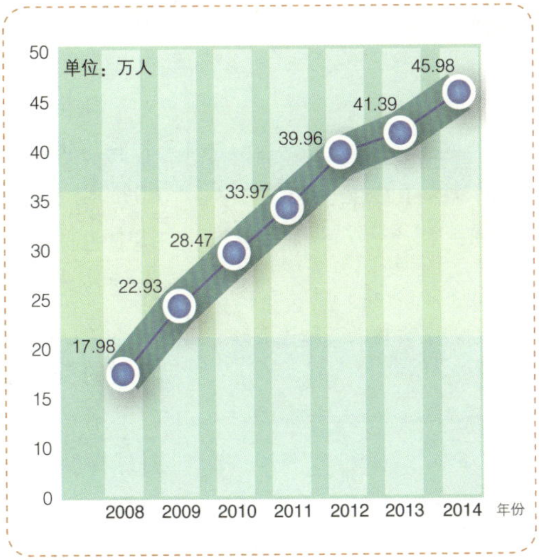

出国留学学生人数

大学生世界文化节上的各国学生们

科技发展

21 世纪初，中国高技术领域的研究开发水平与世界先进水平的整体差距明显缩小，60% 以上的技术达到或接近国际先进水平，其中包括原子能技术、空间技术、高能物理、生物技术、计算机技术、信息技术、仿人机器人等。2007 年 10 月 24 日，中国自主研制并发射的首个月球探测器“嫦娥一号”升空，接收了第一颗三维立体月球表面图。根据国家月球探测计划，中国将于 2020 年前完成采集月壤样品的工作。2008 年 9 月，“神州七号”发射成功，中国迈出太空行走第一步，成为世界上第三个独立掌握空间出舱技术的国家。2011 年 9 月 29 日，将无人太空实验舱“天宫一号”送入低地球轨道，在相继实现航天员

高铁通达

截至2014年底，中国铁路营业里程达11.2万公里，其中高铁运营里程1.6万公里，居世界第一位。全国铁路旅客发送量突破20亿人，达23.6亿人，同比增长11.9%；货物发送量完成38.1亿吨。

2015 年 5 月，北京科博会召开。图为中国海洋石油 981 钻井平台展示。

上天、太空行走之后，为建设探索太空的前哨——永久载人空间站迈出关键一步。2012年“神舟九号”载人飞船与“天宫一号”目标飞行器顺利实现载人交会对接，标志着中国载人航天工程取得重要进展。2013年“神舟十号”载人飞船成功发射，是中国空间站建设的里程碑，将使中国载人航天工程再进一程。

1993年颁布实施的《科学技术进步法》，全面地规定了中国科技发展的目标、作用、资金来源、科技奖励制度等，成为指导中国科学技术发展的基本法典。

2002年颁布施行的《科学技术普及法》，将普及科学技术、提高公民科学素养规定为一种行为准则，要求全社会实行。全国各省、自治区和直辖市也出台了一系列地方法规，对吸引科技人才、稳定科技投入，发展高科技起到了保障作用。

2006年2月国务院发布的《国家中长期科学和技术发展规划纲要（2006-2020年）》，确定了未来15年力争突破的16个重大科技专项，涉及信息、生物等战略产业领域，能源、资源、环境和人民健康等重大紧迫问题，以及大型飞机研发、载人航天与探月工程等。根据规划，到2020年，中国科学研究与试验发展经费占国内生产总值的比重将由2005年的1.33%提高到2.5%以上，科技进步贡献率达到60%以上。

中国科技投入呈现逐年增加趋势。2014年全年研究与试验发展（R&D）经费支出13312亿元，比上年增长12.4%，占国内生产总值的2.09%。今天，中国整体科技发展水平已经处于发展中国家前列，多项农业科技成果居于世界领先地位，如禽流感疫苗、抗

科考人员准备向深海中投放考察设备

中国科学院与中国工程院

中国科学院为中国自然科学的最高学术机构和综合研究中心。它下设数学物理部、化学部、地学部、技术科学部等，共拥有12个分院、100家直属研究机构、100多个国家级重点实验室和工程中心，以及212个野外观测台站，全院科研人员达5万余人。中国工程院是全国工程科学技术界的最高荣誉性、咨询性学术机构，对国家重要工程科学与技术问题开展战略研究，提供决策咨询。两院院士是国家科学技术方面的最高学术称号，为终身荣誉。两院都有外籍院士。

研究与试验发展（R&D）经费支出

清华大学在读研究生王世栋和同学共同创办了科技公司，推广自己开发的 3D 打印技术。

虫棉、矮败小麦、超级稻、双低（低芥酸、低硫苷）油菜等。中国还开发应用了一批精密制造、清洁能源、智能交通、信息安全等产业关键共性技术，攻克了一批对控制城市环境污染、资源勘探开发、减灾防灾、生态保护等有重大作用的关键技术，在微电子材料技术、光电子材料技术、功能陶瓷、纳米材料、生物医用材料等前沿技术领域取得了多项原创性成果。

科技合作

迄今为止，中国已先后与 150 多个国家和地区签订了政府间科技合作协议，并加入了 1000 多个国际科技合作组织。科技合作越来越成为中美、中俄、中欧等大国关系中的重要内容。

中美两国开展了数千个科技合作项目，数万名科学家参与双边交流。中俄之间合作的领域同样非常广阔，俄罗斯的飞机制造、核电

“众创”现象

2014年3月以来，中国出现了大众创业、草根创业的“众创”现象。2014年，全国科技企业孵化器数量超过1600家，在孵企业8万余家；国家高新区115家，园区注册企业超过50万家，仅中关村新增科技企业1.3万家；全国创业投资机构1000余家，资本总量超过3500亿元；全国近30万项技术成果通过技术市场转移转化。

站技术和外空技术具有优势，将继续成为未来科技合作的重点。2014年3月，中欧航空研发重大合作项目成果交流及下阶段合作研讨会在布鲁塞尔举行，双方科学家将继续在航空研发领域进行合作。同时，中国与美国、德国、日本在新能源、环境保护技术等领域继续加强合作。

中国还积极参与世界性的科技合作工程。2013年6月，中国向著名的国际热核聚变实验堆计划（ITER）现场交付了由中国负责研制的首件大件产品。中国是参与这一国际科技计划的七方成员之一，将承担ITER装置近10%的采购包。

除此以外，北京正负电子对撞机、人类基因组计划、伽利略计划、大亚湾反应堆中微

科技产业博览会上的多种发电设施模型

陕西省宁强县北关小学学生观看太空授课

中国"天河二号"

国家人类基因组南方基因中心工作人员在进行科学实验

中国社会科学院考古研究所联合考察队在河南三门峡西坡遗址发掘现场紧张工作

子实验等国际科学计划，越来越多的中国面孔投身其中，见证了中国国际科技合作从寻求对话到互利共赢的转变。

随着中国科技和经济实力的增强，现阶段中国的科技合作实现了由被动型向积极主动型的转变，由单向技术输入型向更加平衡型的关系转变。同时，科技合作的主体变得更加多元化，各省市、大学、企业等都成为国际技术合作的主导者，各地举办的国际科技研讨会、国际科技展会、各种科研项目考察活动等屡见不鲜。科技合作的形式也由简单的人员交流、技术转让，向更高层次的联合研发、共同开展关键技术攻关等转变。

社会科学

中国社会科学院是中国哲学社会科学研究的最高学术机构和综合研究中心，现有研究所 31 个，研究中心 45 个，含二三级学科近 300 个，其中重点学科 120 个。全院总人数 4200 多人，有科研专业人员 3200 多人，其中高级专业人员 1676 名，中级专业人员 1200

多名。他们中拥有一批在国内外学术界享有盛名、学术造诣高深的专家学者和在学术理论研究方面崭露头角的中青年科研骨干。

近年来，中国社科院每年都要出版一系列关于中国社会现状的“蓝皮书”，成为供各行业工作者参考的权威读本。社科院的各科研院所还承担着国家官方智囊的任务，肩负着为国家机关做政策参考的重担。这些科研院所每年都出版各种调研报告，为中国社会的发展提供了权威的数据分析和参考意见。

目前，中国的人文社会科学研究机构还广泛分布在各大高等院校中，北京大学、中国人民大学、复旦大学等都拥有一流的人文社科研究学者及机构。吴玉章人文社会科学终身成就奖是近年来由中国高等院校设立的高级别人文社会科学类大奖，专门奖励那些在中国人文社科领域内做出突出贡献的人才。2012 年首次颁发，将奖项授予著名人口学家、中国人民大学荣誉一级教授邬沧萍，著名国学家、中国人民大学国学院名誉院长冯其庸，著名哲学家、北京大学教授汤一介。

中国社会科学研究学者更加频繁地参与国际社科学术活动。2014 年 5 月，世界政治经济学学会第九届论坛在越南召开，来自中国、美国、日本等 20 多个国家的百余名学者参加了大会。2014 年 4 月，一场由中国学者主导的主题为“利用创新：培育国家创新竞争力以推动全球发展”的国际学术研讨会在美国纽约联合国总部召开。中国高校社科研究机构与国外社科学者的交流合作越来越频繁，未来中国的社会科学研究机构将进一步推进国际合作进程，广泛吸纳国际一流人才。

“国学大讲堂”在长春儿童图书馆开课

去网上看看

http://cass.cssn.cn/

中国社会科学院官方网站。内容包括中国社会科学院工作事务新闻信息介绍。

http://www.cssn.cn/

中国社会科学网。中国社会科学院主办，中国社会科学杂志社承办，内容包括中国社会科学方面相关权威信息，设有英文版。

中国 2015

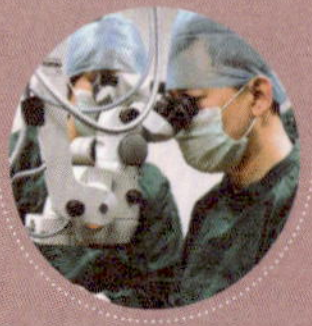

10

社会民生

中国是一个泱泱大国。按照世界银行的贫困标准计算，20 余年间 6 亿多中国人摆脱了贫困，中国人的生活与 60 多年前建国初期相比，变化巨大。

●收入与消费 ●劳动就业 ●社会保障 ●医疗与健康

孩子们在参加免费足球培训

去网上看看

http://www.stats.gov.cn/

国家统计局，是国务院直属机构，主管全国统计和国民经济核算工作，拟定统计工作法规、统计改革和统计现代化建设规划以及国家统计调查计划，组织领导和监督检查各地区、各部门的统计和国民经济核算工作，监督检查统计法律法规的实施。

收入与消费

2014 年末中国总人口 13.68 亿人，城镇人口为 7.5 亿人。中国占世界人口的比例在 1820、1950、1980 和 2013 年分别是 35.0%、21.8%、22.1% 和 19.0%，且仍在下降。自 1990 年联合国开发计划署推出人类发展指数以来，中国首次迈入了“高人类发展指数”国家的行列，在 187 个国家中列第 91 位。2013 年中国人类发展指数为 0.719，与 1980 年的 0.407 相比取得了显著进步。

《中华人民共和国国民经济和社会发展第十二个五年规划纲要》公布了“十二五”（2011–2015）发展的多项主要目标。其中国内生产总值年均增长 7%，城镇居民人均可支配收入和农村居民人均纯收入分别年均增长 7%

以上。“十二五”规划明确规定收入增幅超过GDP增幅，各地制定的“十二五”规划中，有5个省提出“居民收入‘超过’经济增长”。

2014年全年农村居民人均可支配收入10489元，扣除价格因素，比上年实际增长9.2%；全年农村居民人均纯收入为9892元；城镇居民人均可支配收入28844元，比上年增长9.0%，扣除价格因素，实际增长6.8%。随着城乡居民生活水平的不断提高，中国消费结构发生了变化，即由温饱型消费向享受型消费转变。教育、住房、汽车、电脑、股票、出国旅游，已成为人们日常生活中投资或消费的主要内容。中国人的生活质量不断提升，衣食住行发生了很大变化：穿着讲究时尚，饮食讲究营养，住房讲究宽敞舒适，出行打的或开私家车成为寻常事。

河北张家口崇礼滑雪场

旅游景点也备受拍摄婚纱照的新人们青睐

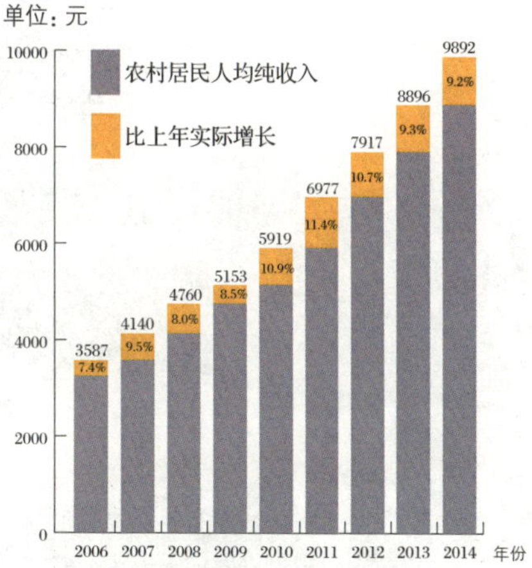

农村居民人均纯收入及其实际增长速度

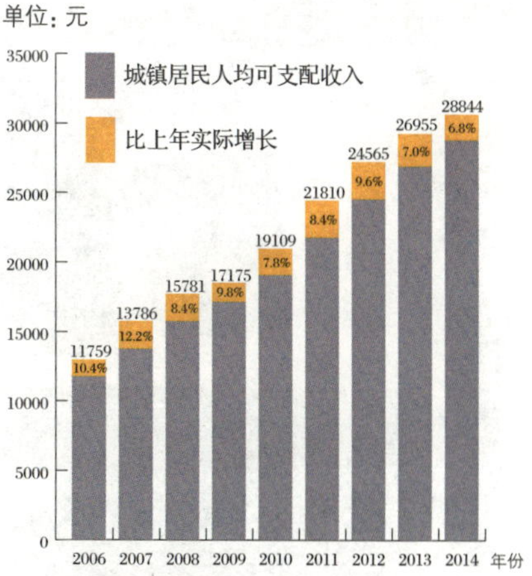

城镇居民人均可支配收入及其实际增长速度

南京国际博览中心亚洲自行车展汇聚了中外自行车名品

中国消费扩张最快的一些新兴领域主要集中在：以私人汽车为代表的交通消费；以移动通讯和信息为代表的通讯信息消费；与住房相关的商品消费；以教育、旅游为代表的精神文化消费。

一些城市的交通结构出现了由公共交通向个体交通转化的趋势，小汽车出行比例逐年增加。国家统计局的数据显示，中国私人汽车拥有量年均增速在 20% 左右。但是，由于人口数量大，中国正在加速发展公共交通，实现节能减排，这在中国将成为长期的发展趋势。同时，有些城市，比如北京，采取相关政策来限制购车，以避免或减缓堵车和实现节能减排。

在住房消费方面，基本形成了以个人产权为主体的城镇住房产权结构。住房问题关乎

2015 南京度假休闲及房车展览会上房车展览

中国游客在德国法兰克福与球星雕像开心合影

国计民生，中国政府近年来注重调控楼市平稳发展。2003 年开始拉开了房地产调控的序幕，2009 年末至今国务院连续采取措施，包括规范市场秩序，完善土地、财税、金融政策，抑制投资、投机性需求，引导市场增加普通商品房供给，加快保障性住房建设，发展公共租赁住房，促进形成合理的住房供给结构，满足多层次的住房需求等多方面。

在旅游消费方面，随着城乡居民收入的提高和闲暇时间的增多，旅游业发展迅速。未来几年间，中国人均消费水平将持续增长，消费方式也逐渐由实物消费为主变为实物消费与服务消费并重。随着节假日、休息日等休息时间趋近于中等发达国家水平，一个巨大的旅游消费市场将加速形成，旅游将成为城镇居民生活的重要内容。

农村消费渐成扩大内需重点领域。据测算，农民消费每人增加 1000 元，全国就能增加内需 9000 亿元。目前，中国农民消费仍然以生活基本

游客在海南省三亚市南山景区海边游玩

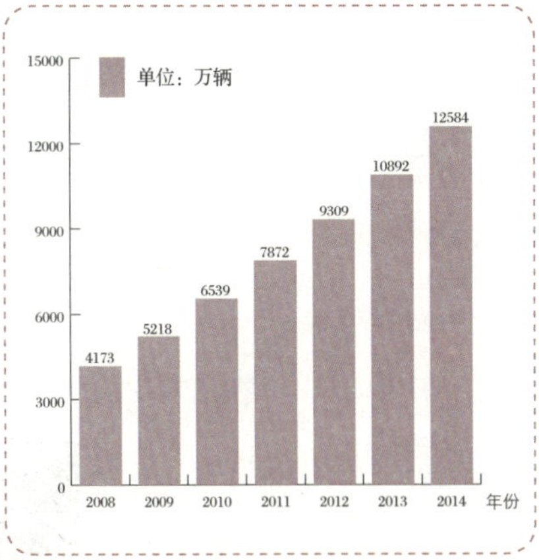

中国私人汽车保有量

需求和农资消费为主，电脑、汽车等消费比例仍然较低。中国已连续多年运用财政、贸易政策，开发、生产适合农村消费特点、性能可靠的家电产品。2008 年起陆续实施的家电和汽车、摩托车下乡活动，成为撬动农村消费市场的着力点，也是中国扩大内需市场的一个重要方面。

劳动就业

大学生寻找工作机会积极就业

中国在今后相当长的时间内仍处于人口总量增长时期，每年都会产生大量城镇新生劳动力、失业人员和农村富余劳动力。

“十二五”规划纲要首次提出了要实施就业优先战略，在产业结构和经济结构上，更加注重发展有利于增加就业含量和开发利用人力资源的经济产业和生产服务领域。这意味着政府将采取更加积极的就业政策，扩大就业和创业的规模，特别是要重点解决高校毕业生、农村转移劳动力和城镇困难人员的就业问题。采取的措施有加大农民工的职业培训、加大自主创业政策扶持力度等。在“十二五”期间，年均新增城镇就业 900 万人，要把城镇登记失业率控制在 5% 以内。

就业渠道多样化。杭州阿里巴巴集团淘宝总部的大屏幕上打出“双十一”支付宝总成交金额的数据。

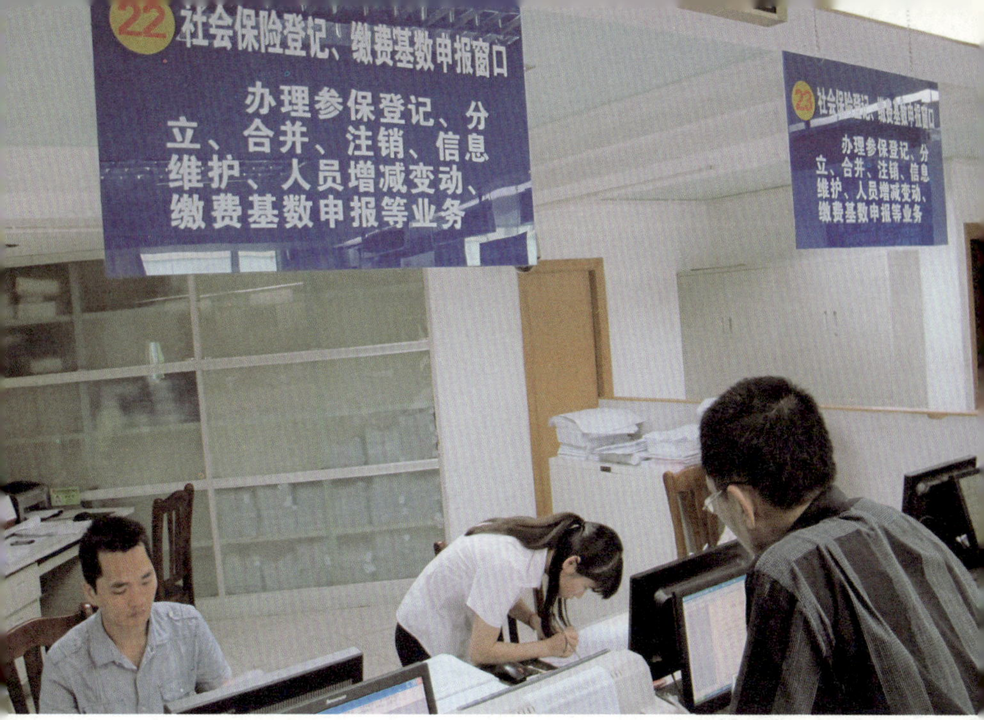

海南海口市民在社保局办理社保相关业务

社会保障

到 2020 年，中国将基本建立覆盖城乡居民的社会保障体系。这个社会保障体系既包括各项社会保险，也包括了最低保障制度、救助制度、慈善事业以及商业保险等。通过这样各项制度的建立，使中国这个世界上最大的社会保障体系完善起来。

从世界范围看，社会保障已有 120 多年的发展历史，历经多次世界经济大萧条而日益完善，显示出其在促进国家长治久安方面的强大功能。

中国的社会保障制度是新中国建立以后从零起步的。经过多年的努力，中国特色社会保障框架体系已初步建立：基本养老、基本医疗、失业、工伤、生育五项社会保险制度基本建立并逐步完善，以最低生活保障为重点的城乡社会救助体系基本形成，保障水平稳步提高。

对职工而言，社会保险就是现在常说的“五险一金”。“五险”指的是五种保险，包括养老保险、医疗保险、失业保险、工商保险和生育保险；“一金”指的是住房公积金。其中养老保险、医疗保险和失业保险，这三种险是由企业和个人共同缴纳一定数额的保费，工伤保险和生育保险完全是由企业承担保费。“五险一金”的缴纳额度每个地区的规定都不同，基数是以工资总额为基数。

以北京为例：目前北京养老保险缴费比例为，单位 20%，个人 8%；医疗保险缴费比例为，单位 10%，个人 2% +3 元；失业保险缴费比例为，单位 1.5%，个人 0.5%；工伤保险根据单位被划分的行业范围来确定它的工伤费率并由单位承担，在 0.5%-2% 之间；生育保险也由单位承担，缴费比例为 0.8%。目前，北京市统一规定所有用人单位按工资的 12% 办理缴纳住房公积金，个人和单位各缴纳 12%，这更有利于提高中低收入职工家庭解决住房问题的能力。

由于中国人口约占世界人口的五分之一，是人口众多的发展中国家，目前的社会保障水平还难以追上发达国家，只能保障公民的基本生活。它的基本标准是：

◎ 养老保险——使职工在退休以后能够维持中等生活水平；

◎ 失业保险——维持失业人员的基本生活；

◎ 医疗保险——满足参保人一般的医疗需求。

1990 年以来国务院相继颁布了《失业保险条例》、《社会保险费征缴暂行条例》和《城市居民最低生活保障条例》等法规，为社会保障制度的实施提供了法律保证。现在，一个管理社会化的保障制度已初步形成，同时具有养老、医疗、失业保险和最低生活保障等多种功能。

现在，社会保障的覆盖面在持续扩大，从主要集中于国有企业、集体企业扩大到非公有制企业和事业单位，灵活就业人员的保障权益也得到保证。

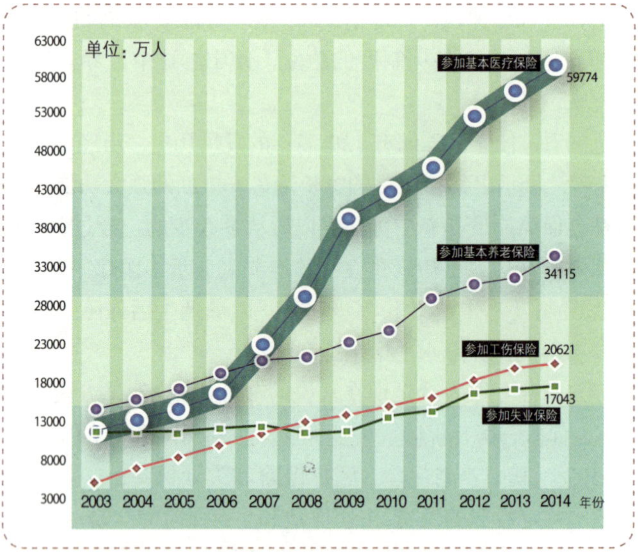

2003~2014年参加各项保险情况

全国所有城市和县城均建立了最低生活保障制度，为所有家庭人均收入低于当地最低标准的居民提供基本生活保障。中国生产力水平还比较低下，地域差别比较大，目前还没有全国统一的低保标准。随着中国经济社会的发展，各级财政不断增加，低保的标准会不断提高。

从 2002 年起，为解决广大农村居民健康保障问题，中国开始建立新型农村合作医疗制度。以大病统筹为主的合作医疗制度，按照个人交费、集体扶持、政府资助的原则筹集资金，参加合作医疗的农民一旦生病住院，就可以得到比例不一的医药费报销。新农合虽然筹资水平比较低，但它是世界上覆盖的人口最多的一个保障制度，当前新型农村合作医疗参合率 98.7%，覆盖 8 亿多人。随着新农合补偿水平的提高，农民就医的经济负担减轻。新农合基金只能用于农民的看病就医补偿，不能够用做其他任何用途。另外，还建立了公开透明的监管机制。与此同时，中国还确定在农村建立和实施医疗救助制度，对患大病的贫困农民家庭实行医疗救助。目前，全国已基本建立起规范、完善的农村医疗救助制度，医疗救助基金通过各级财政拨款和社会各界自愿捐助等多种渠道筹集，专款专用。

“十二五”期间，全国总人口将控制在 13.9 亿人以内。“十二五”规划中与社会保障相关的计划是：人均预期寿命提高 1 岁，达到 74.5 岁；新型农村社会养老保险制度实现全覆盖，城镇参加基本养老保险人数达到 3.57 亿人，城乡三项基本医疗保险参保率提高 3 个百分点；城镇保障性安居工程建设 3600 万套；贫困人口显著减少。等等。

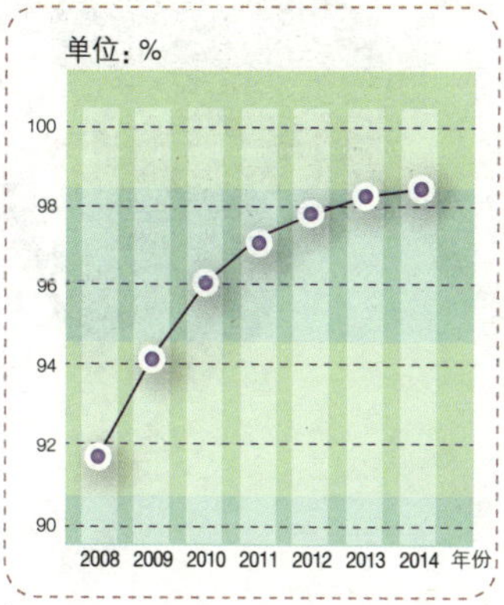

2008~2014年新型农村合作医疗参合率

农村社会养老保险

中国的农村社会养老保险，采取个人缴费、集体补助和政府补贴相结合，其中中央财政将对地方进行补助，并且会直接补贴到农民身上。在支付结构上分两部分：基础养老金和个人账户养老金，基础养老金由国家财政全部保证支付，这意味着中国农民60岁以后都将享受到国家普惠式的养老金。根据规划，将于2020年前全部实现所有农民都享有此项保险。

专家在北京中医药文化宣传周上为市民义诊

医疗与健康

在中国，每千人口拥有医生 2.06 人，病床 4.55 张。中国人均基本公共卫生服务经费标准从 2009 年的 15 元提高到 2014 年的 35 元。北京、上海、天津、重庆等大城市中均设有高水平的肿瘤、心脑血管、眼科、牙科、中医以及传染病等各种专科医院和众多综合医院；各省、自治区的中等城市中均设有现代化设施完备的综合医院或专科医院。县、乡、村三级医疗预防保健网在广大农村具有一定基础，县有中心医院，乡镇有卫生院，行政村设有医疗点。由于医疗保健机构的建立健全，以及人们卫生习惯的逐渐养成，中国人口死亡原因由过去的以传染病、寄生虫病为主转变为现在的以恶性肿瘤、脑血管病和心脏病为主，死

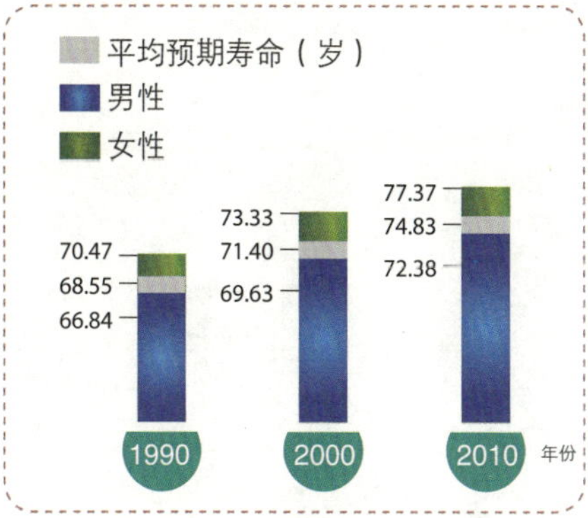

人口平均预期寿命

因构成已趋于发达国家所具有的特征。城乡居民的健康水平有较大提高，全国人口平均预期寿命达到 74.83 岁，达到中等发达国家水平。

“预防为主”是中国卫生工作的重要经验之一。各级行政区域均建立以卫生防疫站等预防保健机构为主、具有卫生监督管理和防病职能的机构，形成了全国性的卫生监督和防疫网络。2003 年 5 月，国务院颁布《突发公共卫生事件应急条例》，表明突发公共卫生事件应急机制体系的建立已被纳入法制化轨道。

2009 年深化医药卫生体制改革以来，全国参加城镇医保人数达 5.98 亿，新型农村合作医疗、职工医疗保险、居民医疗保险三项基本医疗保障制度覆盖的人数超过 13 亿，覆盖全国 99% 以上的人口，全民医保体系基本形成。

“十二五”时期，将进一步深化医药卫生体制改革，健全基本医疗卫生制度，加快实现人人享有基本医疗卫生服务的目标。城乡基本养老、基本医疗保障制度实现全覆盖，提高并稳定城乡三项基本医疗保险参保率，政策范围内的医保基金支付水平提高到 70% 以上。

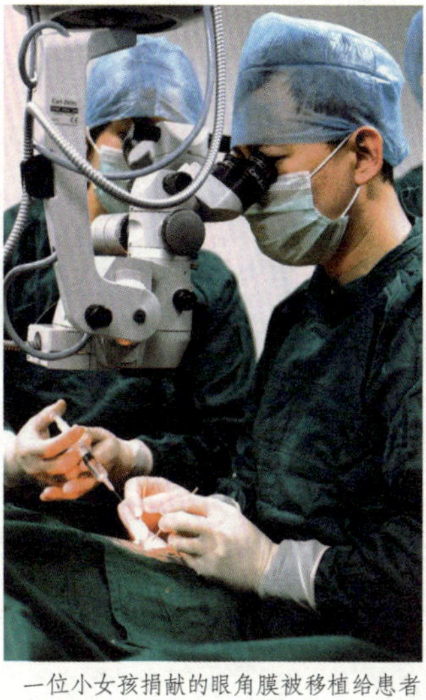

一位小女孩捐献的眼角膜被移植给患者

中国 2015

11

文化艺术

中华文化起源于华夏文明，是指以华夏文明（汉文化）为主体的、包括海外华人华侨继承并创造的文化，以及藏族文化、蒙古族文化、回族文化、壮族文化、苗族文化等在内的中国56个民族文化的统称。华夏文明是世界上最古老的文明之一，也是世界上包括埃及文明、美索不达米亚文明、印度文明在内的最古老文明中仅存并持续时间最长的文明。

●图书馆 ●博物馆 ●文物保护 ●非物质文化遗产
●自然文化遗产 ●文学 ●戏剧 ●曲艺 ●音乐 ●舞蹈
●书法与绘画 ●电影 ●大众传媒

图书馆

目前，中国有3000余家公共图书馆，总藏量近8亿册(件)。按照全国行政区划，公共图书馆已基本实现全覆盖。在高等学校图书馆中，北京大学图书馆和武汉大学图书馆的馆藏量名列前茅。全国的图书馆系统还包括科研系统图书馆和各类基层单位的图书馆及中小学图书馆。

拥有3244万册(件)馆藏、数字资源达874.5TB的国家图书馆是亚洲最大的图书馆，居世界国家图书馆第五位，并以每年近百万册(件)的速度增长；甲骨、敦煌遗书、地方志、名家手稿等特色馆藏的藏量与质量均位居国内乃至世界图书馆界前列。另外，作为国家总书库，当代出版的书籍报刊绝大部分都已入藏本馆。同时，国家图书馆外文书刊购藏始于上世纪20年代，123种文字的外国文献资料约占馆藏的40%，是国内最大的外文文献收藏馆，并大量入藏国际组织和政府出版物。从1916年起，该馆开始接受国内正式出版物的缴送，从1987年开始接受国内电子出版物的缴送。此处也是国家图书书目中心(ISSN)和网络信息中心。国家图书馆已与全国多家图书馆结成数字化图书馆联盟，共同促进中国数字化公众信息服务的发展和应用。国家图书馆提供使用的中外文数据库达273个，并推出以计算机、数字电视、手机、电子触

“景德镇当代名家陶瓷作品展”在上海图书馆展览

国家图书馆内景

摸屏等为终端的新媒体服务，为读者提供海量数字资源和互动的个性化数字图书馆服务。2012 年，“中国盲人数字图书馆”和“中国残疾人数字图书馆”为超过百万的残疾人提供了无障碍图书、讲座、音乐等文化服务。2013 年 8 月，国家图书馆建立国家动漫公共素材库，可以看到各种类型的动漫素材，目前，这个素材库已积累图像、声音等各类素材 1.4 万种。

饮誉海内外的上海图书馆为中国最大的省市级图书馆。现藏中外文献 5400 余万册（件），其馆藏古籍文献共有 170 余万册，其中 2.5 万种约 18 万册善本古籍尤为珍贵，不少已成为海内外孤本。最早的藏品距今约 1500 年。

公共文化服务体系基本建成

2012年底，广播电视村村通工程已覆盖所有通电行政村和20户以上自然村；全国已建成60余万家农家书屋，覆盖全国有基本条件的行政村；一批现代化水平的博物馆、美术馆、大剧院、音乐厅逐步落成，国家级、省级美术馆已经全部向公众免费开放，所有公共图书馆、文化馆（站）也都实现无障碍、零门槛进入……目前，这一系列进展标志着公共文化服务体系框架基本建成。

大陆首家海峡两岸文创产业合作区 2015 年落户江苏南通

故宫博物院

博物馆

自1905年张謇创办中国最早的博物馆——南通博物苑以来，百余年弹指一挥间。中国的博物馆事业发展迅速，目前，全国各类博物馆已达4165座，10年增长一倍，其中，国有博物馆3354座。各类博物馆藏品超过2864万件（套），全国博物馆举办展览近1万个，年接待观众6.4亿人次。今后几年里中国博物馆仍将以平均每年200座左右的速度增加。以秦始皇兵马俑博物馆为代表的一批文物博物馆，已成为国内外人士喜爱的文物旅游胜地。政府鼓励开展馆际间文物展览交流活动，鼓励民间合法收藏物的展示和交流。

坐落在北京天安门广场东侧的国家博物馆，总建筑面积近20万平方米，集文物征集、考古、收藏、研究、展示于一身，收藏文物超过100万件，反映了中国古代、近现代和当代历史，并有上百万册文献图书资料。世界一流的硬件条件，吸引了达·芬奇、米开朗基罗、拉斐尔等大师的作品走进中国。

当前中国艺术收藏也进入“私立博物馆时代”；博物馆的建设者借助私立博物馆这种形式，将宝贵的私人珍藏回馈社会、介入公共生活。从新中国第一家民办博物馆——观复博物馆于1996年正式注册成立到现在，民办博物馆在中国已有19年的历史。目前，中国民办博物馆数量已达811家，占到中国博物馆总量的19.5%，并且以每年100家的速度迅速增长，已成为中国博物馆行业的重要组成部分。2014年2月，中国“民办博物馆协作体”成立，标志着中国民办博物馆界将以首个行业协作体的形式为中国博物馆事业的发展和中华文化的传播等提供重要平台。与国有博物馆免费开放相比，民办博物馆的免费已初步开始。比如，为了鼓励民办博物馆逐步免费开放，上海市文物局在“上海市民办博物馆扶持资金”中专门设置了“免费开放”项目补贴，对自发免费开放的民办博物馆给予资金扶持。

文物保护

中国幅员辽阔，又有着数千年的文明史，沃土之下厚厚的文化堆积层，清楚地演绎出独特的东方文明走向。著名的考古地点有周口店北京人遗址、秦始皇陵、长沙马王堆汉墓、敦煌莫高窟、法门寺地宫等。

然而，中国是一个文明古国，也是一个文物流失大国。从1840年鸦片战争以来，因战争、不正当贸易等原因，致使大批中国珍贵文物

河南龙门石窟奉先寺

兵马俑修复

陕西秦兵马俑赴美展览前，专家对其中一件石铠甲仔细验收。

流失海外。在此期间，超过 1000 万件中国文物流失到欧美、日本和东南亚等国家及地区。据联合国教科文组织的不完全统计：在中国本土之外的世界 47 个国家 200 多家博物馆的藏品中，有中国文物 164 万余件，而民间收藏的中国文物大约是馆藏数量的 10 倍以上。目前，中国已知的地上地下不可移动文物近 77 万处，已公布的国家重点文物保护单位有 4295 处，各地核定公布了新一批省级、市县级文物保护单位，总数达到 12 万余处。

近年来持续加大资金投入力度，支持文化遗产保护。2014 年中央财政实际下达文化遗产保护资金 88.43 亿元，比 2013 年增加 11.1 亿元，增长 14.35%。其中安排国家重点文物保护专项补助资金 81.3 亿元，用于 2299 个文物保护项目，包括对长城、大运河、扎什伦布寺等的保护。

文物保护工作逐步纳入法制化轨道。目前，中国已参加全部四个文物保护国际公约。1982 年颁布的《文物保护法》对不可移动文物、考古发掘、馆藏文物、民间收藏文物、文物出境入境等作了明确规定。《文物保护法实施条例》、《文物拍卖管理暂行规定》于2003年发布，2006年又发布了第一个针对单体文物的专项保护法规——《长城保护条例》。

目前，政府有关部门已经评定出125座国家级历史文化名城和80多座省级历史文化名城，历史文化名镇名村528个。国家每年安排2亿元左右的财政专项资金用于历史文化名城的保护。

作为传统的农业大国，中国古村落之多、地域分布之广为世界罕见。此类村落自然环境保存完好，且保留大量的民间文物和乡土艺术资料。大规模的古村落保护行动正在文物部门的规划中。

水下考古“国家队”

中国的水下考古起步于20世纪80年代，目前已经初具规模。2009年，文化部、国家文物局依托中国文化遗产研究院设立“国家水下文化遗产保护中心”；2015年3月1日，水下文化遗产保护中心正式揭牌。这标志着中国水下考古队伍有了专门的国家队。

安徽棠樾牌坊群

非物质文化遗产

中国是世界上非物质文化遗产最丰富的国家之一。自2006年起，中央财政累计投入35.14亿元用于“非遗”保护工作，其中30.4亿元对地方开展1372个国家级非遗项目、1986名国家级代表性传承人、18个国家级文化生态保护实验区的保护工作予以支持。2014年安排国家非物质文化遗产保护专项资金6.63亿元。国务院分别于2006年、2008年、2011年和2014年公布了四批国家级非物质文化遗产名录，包括民间文学、传统音乐、传统舞蹈、传统戏剧、曲艺、传统美术、传

木版雕字

统技艺、传统医药、民俗及传统体育、游艺与杂技等项目，共计1372项。2014年将“国家级非物质文化遗产名录”名称调整为“国家级非物质文化遗产代表性项目名录”。

2013年12月4日，联合国教科文组织正式将中国珠算项目列入“人类非物质文化遗产代表作名录”，至此，中国的昆曲、古琴艺术、维吾尔族木卡姆艺术和蒙古族长调民歌等30个项目入选“人类非物质文化遗产代表作名录”；另外，羌年、中国活字印刷术等7个项目入选“急需保护的非物质文化遗产名录”。其中蒙古族长调民歌是2005年中国首次与外国（蒙古国）就同一非物质遗产联合向联合国教科文组织申报并获通过的项目。此外，传统音乐录音档案、清朝内阁秘本档、清代大金榜、纳西族东巴古籍文献和清代样式雷建筑档案被列入“世界记忆遗产名录”。2001年，联合国教科文组织还将世界上最长的史诗——中国藏族史诗《格萨尔王传》列入世界千年纪念名单。

中国政府在保护非物质文化遗产方面做了大量卓有成效的工作，如由政府组织编纂出版的300卷近5亿字的“十部中国民族民间文艺集成志书”，抢救、保存了大量的珍贵艺术文化资源。2006年2月，国务院下发《关于加强文化遗产保护工作的通知》，对非物质文化遗产的普查、保护、抢救等提出了具体要求；2011年颁布的《中华人民共和国非物质文化遗产法》使得中国非遗保护工作进入了有法可依的时期。

新疆巴州民间艺人在展演《江格尔》

江永女书是目前世界上唯一存在的性别文字——妇女专用文字。

古琴名家刘善教在陕西省长安古琴艺术研究院登台献艺

自然文化遗产

中国于1985年加入《保护世界文化和自然遗产公约》，自1986年开始申报世界遗产。2014年6月，第38届世界遗产大会上，大运河和丝绸之路“申遗”成功，被列入联合国教科文组织世界遗产名录。至此，中国已经申报成功的世界遗产达到48处。其中文化遗产34处，自然遗产10处，自然与文化双遗产4处。

从2004年开始，国家开始对北京的六项世界文化遗产——明十三陵、长城、故宫、天坛、颐和园和周口店“北京人”遗址进行首次大规模修缮，目前已经全部完工。从2006年起，中国将每年6月的第二个星期六定为中国“文化遗产日”。

故宫太和殿

周口店“北京人”遗址

清代皇家陵寝

长城
北京市，1987，世界文化遗产
明清皇宫
北京故宫——北京市，1987； 沈阳故宫——辽宁省，2004，世界文化遗产
周口店“北京人”遗址
北京市，1987，世界文化遗产
敦煌莫高窟
甘肃省，1987，世界文化遗产
秦始皇陵与秦兵马俑
陕西省，1987，世界文化遗产
泰山
山东省，1987，世界文化和自然遗产
黄山
安徽省，1990，世界文化和自然遗产
九寨沟
四川省，1992，世界自然遗产
黄龙风景区
四川省，1992，世界自然遗产
武陵源风景区
湖南省，1992，世界自然遗产
承德避暑山庄与外八庙
河北省，1994，世界文化遗产
布达拉宫
西藏自治区，1994，世界文化遗产

曲阜孔庙、孔府、孔林

山东省，1994，世界文化遗产

武当山古建筑群

湖北省，1994，世界文化遗产

庐山

江西省，1996，世界文化遗产

峨嵋山与乐山大佛

四川省，1996，世界文化和自然遗产

平遥古城

山西省，1997，世界文化遗产

苏州古典园林

江苏省，1997，世界文化遗产

丽江古城

云南省，1997，世界文化遗产

颐和园

北京市，1998，世界文化遗产

天坛

北京市，1998，世界文化遗产

武夷山

福建省，1999，世界文化和自然遗产

大足石刻

重庆市，1999，世界文化遗产

明清皇家陵寝

明显陵——湖北省，2000；
清东陵、清西陵——河北省，2000；
明十三陵——北京市，2003；
明孝陵——江苏省，2003；
盛京三陵——辽宁省，2004，世界文化遗产

龙门石窟

河南省，2000，世界文化遗产

青城山与都江堰

四川省，2000，世界文化遗产

皖南古村落——西递、宏村

安徽省，2000，世界文化遗产

云冈石窟

山西省，2001，世界文化遗产

三江并流景观

云南省，2003，世界自然遗产

高句丽王城、王陵及贵族墓葬

辽宁省、吉林省，2004，世界文化遗产

承德外八庙的须弥福寿之庙

武当山古建筑群

苏州古典园林

颐和园

青城山

云冈石窟

福建土楼

五台山

澳门历史城区

澳门特别行政区，2005，世界文化遗产

殷墟

河南省，2006，世界文化遗产

四川省大熊猫栖息地

四川省，2006，世界自然遗产

广东开平碉楼与村落

广东省，2007，世界文化遗产

中国南方喀斯特

云南石林、贵州荔波、重庆武隆，2007，世界自然遗产；广西桂林、贵州施秉、重庆金佛山和广西环江，2014，世界自然遗产

福建土楼

福建省，2008，世界文化遗产

江西三清山

江西省，2008，世界自然遗产

五台山

山西省，2009，世界文化遗产

登封“天地之中”历史建筑群

河南省，2010，世界文化遗产

中国丹霞

贵州赤水、福建泰宁、湖南崀山、广东丹霞山、江西龙虎山（包含龟峰）、浙江江郎山，2010，世界自然遗产

杭州西湖文化景观

浙江省，2011，世界文化遗产

元上都遗址

内蒙古，2012，世界文化遗产

澄江化石地

云南省，2012，世界自然遗产

天山

新疆，2013，世界自然遗产

哈尼梯田

云南，2013，世界文化遗产

大运河

北京市、天津市、河北省、江苏省、浙江省、安徽省、山东省、河南省，2014，世界文化遗产

丝绸之路

中国（河南省、陕西省、甘肃省、新疆维吾尔自治区）、哈萨克斯坦（阿拉木图州、江布尔州）、吉尔吉斯斯坦（楚河州），2014，世界文化遗产

土司遗址

湖南永顺土司城遗址、贵州播州海龙屯遗址、湖北唐崖土司城遗址，2015，世界文化遗产

文学

中国最早的文学成就是编纂于公元前6世纪的中国第一部诗歌总集——《诗经》。此后，质朴的先秦散文、华丽的汉赋以及汉末的乐府民歌，分别代表了所在时代的文学风貌。在唐代，诗歌创作达到顶峰，包括李白、杜甫等在内的诗人数以千计，传世之作5万余首。宋代文学以词的成就最为突出，元代文学的最高成就则是杂剧创作。明、清两代，《三国演义》、《水浒传》、《西游记》、《红楼梦》四部长篇小说，成为中国古典小说的颠峰。

20世纪的中国文学在二三十年代和八九十年代分别形成两次高潮。前一次的高潮发源于"新文化运动"，从一开始就带有强烈的反帝反封建思想。以鲁迅为代表的进步作家，开创了中国现代文学事业。鲁迅、沈从文、巴金、茅盾、老舍、丁玲、张爱玲等成为屹立中国文坛的巨匠。

20世纪八九十年代一批具有世界影响的新作家及其作品的问世，代表着中国当代文学的成就与繁荣。作家们用现代汉语表达现代中国人的生命体验，审美体验更加成熟。就群体创作水平而言，当代小说家在使用语言思索、表达方面所达到的艺术高度，已经超过他们的前辈。2012年10月11日，中国作家莫言获得2012年诺贝尔文学奖。莫言自20世纪80年代中期以一系列乡土作品崛起，充满着"怀乡"以及"怨乡"的复杂情感，被归类为"寻根文学"作家。

中国设立了数十个文学奖项，其中较权威的有茅盾文学奖、鲁迅文学奖和年度中华文学人物评选等。每五年评选一次的中国女性文学奖是全国性大型文学奖，评选范围涵盖小说、散文、诗歌、纪实文学、女性文艺理论及译著五大类作品。

1995年中国第一个文学网站"橄榄树"成立。网络文学的崛起和蓬勃发展成为中国文学界目前最为瞩目的现象。网络文学作为一种新的媒体文学迅速崛起，在某种程度上影响到中国文学发展的总体格局。2002年盛大网络旗下"起点中文网"（www.qidian.com）的崛起意味着网络文学阅读开始由免费到收费的模式转变，2007年，起点中文网启动"千万亿计划"，作为业界第一份全面保障和扶持作者创作的福利制度，极大促进了原创文学的健康发展。2006年博客在中国的迅速崛起推动了新一波网络文学出版浪潮。中国的网络文学经过十几年的发展，从BBS、文学论坛、文学分享站简单形式，一步步成长为一个拥有着2.94亿用户的大市场，2014年年增长率为7.1%，网络文学使用率为45.3%，蕴含着巨大商业价值，已成为中国文化创意产业中最具发展潜质的产业。

京剧

京剧被视为中国的国剧。经过200多年的实践，它积累了1000个以上深具艺术价值的剧目，形成了一套音乐板式和表演程式，产生了像梅兰芳、程砚秋、马连良、周信芳这样上个世纪的著名京剧表演艺术家以及一批新世纪的优秀演员。

昆曲

昆曲，亦称昆剧，在中国的文化史上已有500多年的历史，是明清两代的代表戏曲。作为“人类口述和非物质遗产”之一，昆曲也是中国戏曲中美学成就最高者。表演的最大的特点是抒情性强、动作细腻，唱腔以缠绵婉转、柔漫悠远见长。经典剧目有《牡丹亭》、《长生殿》等。

京剧表演

戏剧

中国的传统戏剧有一个独特的称谓——戏曲，它与希腊悲喜剧和印度梵剧，并称为世界三大古老的戏剧文化。中国戏曲有京剧、昆曲、越剧、豫剧、粤剧、川剧、秦腔等300多个剧种，其中京剧是流传最广、影响最大的剧种。运用歌舞形式表达剧情是中国戏曲的主要手段。“梅花奖”是中国戏剧界优秀中青年演员的最高奖项。

话剧是20世纪初从国外引进的剧种，到上个世纪30年代走向成熟。今天，代表着中国话剧最高水平的北京人民艺术剧院已推出剧目近百种，其中《茶馆》作为经典作品之一享有国际声誉。上个世纪的剧作家曹禺迄今仍被认为是最优秀的剧作家之一。

国家大剧院

民乐演奏会风行上海

曲艺

曲艺是中国传统说唱艺术的统称，是由民间口头文学和歌唱艺术经过长期发展演变形成的一种独特的艺术形式。目前，仍然活跃在民间的曲艺品种有400个左右，包括相声、评书、京韵大鼓、扬州清曲、山东快书、安徽琴书、二人转、凤阳花鼓、苏州评弹等。其中尤以相声、评书流传最为广泛，成为经常在广播、电视、舞台上展示的大众曲艺表演项目。

国家音乐产业基地

自2009年起，北京、上海、广东和成都4个国家音乐产业基地10余个国家音乐产业园区相继建立。国家音乐产业基地建设，是中国音乐产业发展史上的第一次。

音乐

公元前1世纪时，中国的民族乐器已有80多种。历史上，中国曾多次出现音乐文化的繁荣昌盛时期，琴曲《广陵散》、《胡笳十八拍》，琵琶曲《十面埋伏》，民族管弦乐曲《春江花月夜》等，都是古代优秀音乐作品的典范。

20世纪中叶以来，随着西方乐器与音乐融入中国传统音乐，中国音乐艺术呈现出历史性进展。音乐家们创作出一批民族特色浓郁的现代音乐佳作，如大型音乐舞蹈史诗《东方红》、小提琴协奏曲《梁祝》、钢琴曲《黄河》等。与此同时，中国音乐家和音乐艺术表演团体广泛参加了各种国际性的音乐交流和比赛活动，许多人获得了优异成绩。

"美丽新疆"大型民族音乐会在北京上演

从 2006 年的十多场音乐节，到如今每年上百场，音乐节成为文化消费市场的一道新景观。中国各地每年要定期举办大型音乐节，诸如一年一度的上海国际艺术节、北京国际音乐节和北京国际戏剧演出季等艺术盛会，吸引着大批世界著名音乐家和一流的音乐艺术表演团体来华访问演出。

舞蹈

中国的民间舞蹈历史悠久，56 个民族均流传下来许多风格独特的民族舞蹈，如汉族北方的秧歌舞和南方的采茶灯舞、蒙古族的安代舞、藏族的旋子舞等等。1959 年，中国成立了国家芭蕾舞剧团，西方舞蹈艺术开始被引入中国，迄今，已创作有《红色娘子军》、《白毛女》、《大红灯笼》等具有中国特色的芭蕾舞剧，得到观众们的喜爱。节庆期间，民间的舞蹈表演是人们自娱自乐的一种方式。国家级的歌舞团体，如中国歌剧舞剧院、中国东方歌舞团、中央民族歌舞团、中国芭蕾舞团等大型专业团体，则为人们提供专业的、高品质的歌舞汇演与歌舞剧。

2015 中国体育舞蹈公开赛（上海站）精彩赛况

云南多民族原生态歌舞亮相上海

书法与绘画

中国汉字是方块字，讲究架构、笔锋，汉字的书写和发展过程导致了书法艺术的产生。中国历代都有大书法家，其书法艺术和风格成为所在时期书法的典型代表。人们对书法的喜爱一直流传到今天。

特殊儿童美术作品展在 798 艺术区举办

传统工艺美术

中国传统的工艺美术门类繁多，技艺精湛。利用剪、扎、编、织、绣、雕、塑、绘等技艺制作的各种民间工艺品，具有浓郁的乡土气息和民族风格。传统特种工艺以珍贵或特殊的材料，经过精心设计加工而成，品位高雅。如玉雕是用玉石为原料雕刻的作品，景泰蓝形成于明朝景泰年间（1450–1457），在铜胎上施以蓝釉，再经打磨，花纹和色泽极为出色，显得富丽高贵。

不同于西方的油画，中国的传统绘画有独特的表现形式。距今六七千年前新石器时代绘于陶器上的图画，是中国最早的绘画作品。由于最早的绘画和写字均使用同样的工具，并且都以线条为主，故有“书画同源”之说。中国传统绘画作品一般都有题诗或题字，并盖上印章，诗、书、印、画因而汇合成一个艺术整体，美学内涵丰厚。人物画、山水画和花鸟画均为传统绘画的重要画种，历代均有各类画种的传世之作。

中国古代书法——兰亭集序。

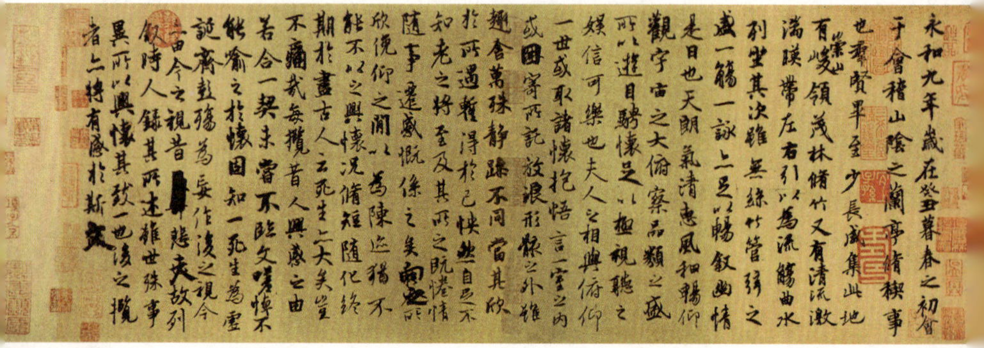

798 艺术区展出英国艺术家大卫·霍克尼的一系列 iPad 画作

当代中国的书法与绘画相当活跃。中国美术馆等艺术馆长年不断举办个人画展或联展；中国画每年都走出国门，到世界各地展览。除中国画外，油画、版画、水彩画等西洋绘画在中国也得到发展。部分画家将国画与西画技法糅合一起进行创作，使画坛呈现出风格多样的艺术作品。以各种现代材料、格式、框架和手法为载体的现代艺术也占有一席之地，包括视频、数码、动画和声音艺术在内的新媒体艺术作品，已经在国内外的当代艺术展览中频频露面。

现代艺术区

北京有798艺术区，上海有M50。M50就是上海莫干山路50号，是许多艺术家聚集的地方。“798”位于北京东北区，是原国营798厂等电子工业的老厂区所在地。从2002年开始，一批艺术家和文化机构开始进驻这里，逐渐发展成为画廊、艺术中心、艺术家工作室、设计公司、餐饮酒吧等各种空间的聚合。

上海创意产业集聚区 M50

电影

中国已成为世界第三大电影生产国和第一大电视剧生产国，中国内地电影票房从 2003 年的不足 10 亿元上升到 2014 年的 296.39 亿元，国产片贡献了 161.55 亿元票房，占总额的 54.51%。其中 66 部票房过亿影片中，国产影片 36 部，占比 54.55%；而年度票房前 20 名中，国产片则刚好占据一半的席位。

现实题材成为中国电影发展的主流。从 20 世纪 80 年代中期兴起的新一轮电影创作高潮中，现实题材电影在实现题材、风格、样式的多样化方面，在电影语言的探索和创新方面都有高水准的造诣。在此期间，张艺谋、陈凯歌、黄建新等导演的崛起令国际影坛瞩目。20 世纪末 21 世纪初，一批上世纪六七十年代出生的电影人成为中国电影界的新一代导演，其代表者有贾樟柯、王小帅、张元、娄烨等人。他们的电影作品趋于平民化，大多以纪实手法表现。

中国的知名国际电影节包括长春国际电影节、上海国际电影节和北京国际电影节。“金鸡奖”为中国优秀电影的最高奖项。另外，国家为鼓励主流电影的发展，专设了“华表奖”，还有由观众评选的“百花奖”。此外，中国电影童牛奖、香港电影金像奖、香港电影金紫荆奖、台湾电影金马奖、中国华语电影传媒大奖等，全面推动中国电影的发展。

中国动漫

中国现有2.79亿未成年人，他们都是动漫产业潜在的重要消费群体，中国动漫衍生品市场每年拥有超千亿元产值的巨大发展空间。2004年，中国诞生了首批9个国家级动画产业基地，4个动画教学研究基地。此后，中国动漫产业以增加值超过20%的年均增幅增长。目前，中国批准设立了20个国家动画产业基地。从2005年起，每年举办一届“中国国际动漫节”。

2015 北京电影节上的观众们

2015 北京国际电影节开幕式上中外众星云集

网站记者现场紧张发稿

大众传媒

网络媒体

数据显示，中国网民数量已达6.49亿，手机网民5.57亿，100%的乡镇基本具备互联网接入能力，100%的乡镇和91%的行政村通宽带，3G网络已覆盖全国所有乡镇，4G商用化全面启动。2012年中国主导的TD-LTE-Advanced被正式确定为4G两大国际标准之一，开启了移动通信的高速时代，并在全球迅速铺开。自2013年12月工信部正式向中国移动、中国电信和中国联通三大运营商发布4G牌照后，中国的4G网络发展进入了快车道。2015年将新增光纤到户覆盖家庭8000万户，新建4G基站超过60万个。在中国社会的网络化程度迅速提高的态势下，所有公民、整个

太原民众从三大电信运营商广告牌前走过。2015年，中国地级以上城区80%将普及百兆宽带。

去网上看看

http://weibo.com/bjfbt

北京微博微信发布厅，全国首个省级政务微博群，2011年11月上线运行，开始发布信息。

北京国际图书博览会上的中国电信天翼阅读展台

社会都有可能被网络所连接起来。网络媒体提供了最快捷便利的传播平台，极大地扩大了信息源，增加了社会的透明度。

自 20 世纪 90 年代中期中国的网络与传统媒体联手以来，传统传播媒体纷纷上网；而一批按照新闻媒体传播流程运作的知名网站已形成规模，并在新闻报道中发挥了优势。

2005 年中国移动全网开通手机电视业务，新闻媒体的图文内容开始进入手机终端，不少媒体网站开展了手机报这一新业务。2012 年 4 月，由安徽电子音像出版社更名的时代新媒体出版社正式揭牌，这是中国首家主动战略转型至新媒体出版领域的音像电子类出版单位。

跨媒体、跨地域、多元化经营的媒体集团成为新世纪中国媒体业发展的趋势。2001 年，政府提出积极促进组建跨地区、多媒体大型新闻集团的目标，并对传媒业融资、与外资合作、跨媒体发展等方面作出了具体规定。成立于 2001 年底的中国广播影视集团，整合中央电视台等中央级广播电视、电影及广电网络公司的资源和力量，拥有电视、网络、出版、广告等多种业务，成为中国目前规模最大、实力最强的多媒体集团；中央电视台的英语频道也通过新闻集团旗下的福克斯新闻网进入美国。

移动阅读

截至2014年12月，中国手机网民达5.57亿，较2013年底增加5672万人。网民中使用手机上网人群占比由2013年的81.0%提升至85.8%。这意味着手机继续保持第一大上网终端的地位，手机依然是中国网民增长的主要驱动力。越来越多的年轻人通过手机等移动设备随时随地进行阅读，极大地冲击了传统阅读市场。

网络问政

随着网络的日益普及，互联网在中国民众的政治、经济和社会生活中扮演着日益重要的角色，成为中国公民行使知情权、参与权、表达权和监督权的重要渠道。从 2008 年 6 月 20 日，时任中共中央总书记的胡锦涛在人民网与网友在线聊天，到各省官员通过各种形式在网上与百姓沟通，中国官员越来越多地通过网络问政于民，使得政府的信息更加透明畅通。微博自 2009 年出现后，2010 年一跃成为继新闻、论坛之后的中国互联网第三大舆情源。互联网对于转型期中国的发展、建设与危机管理，都有非同寻常的意义。

信息沟通新渠道

微信是当下最火的中国互联网产品，是中国人的重要网络沟通渠道。2011年1月，微信推出。2012年3月底，微信用户破1亿，历经433天。截至2014年末，微信及WeChat的合并，使得月活跃账户同比增长41%至5亿。打车、订酒店、美食推荐……微信以一种前所未有的速度融入日常生活。2014年1月全国首个政务微信的整合集成平台——北京微博微信发布厅上线，相信微信将成为新鲜的官民信息沟通平台。

求职者在招聘会上通过扫描二维码领取电子门票、查看企业信息。

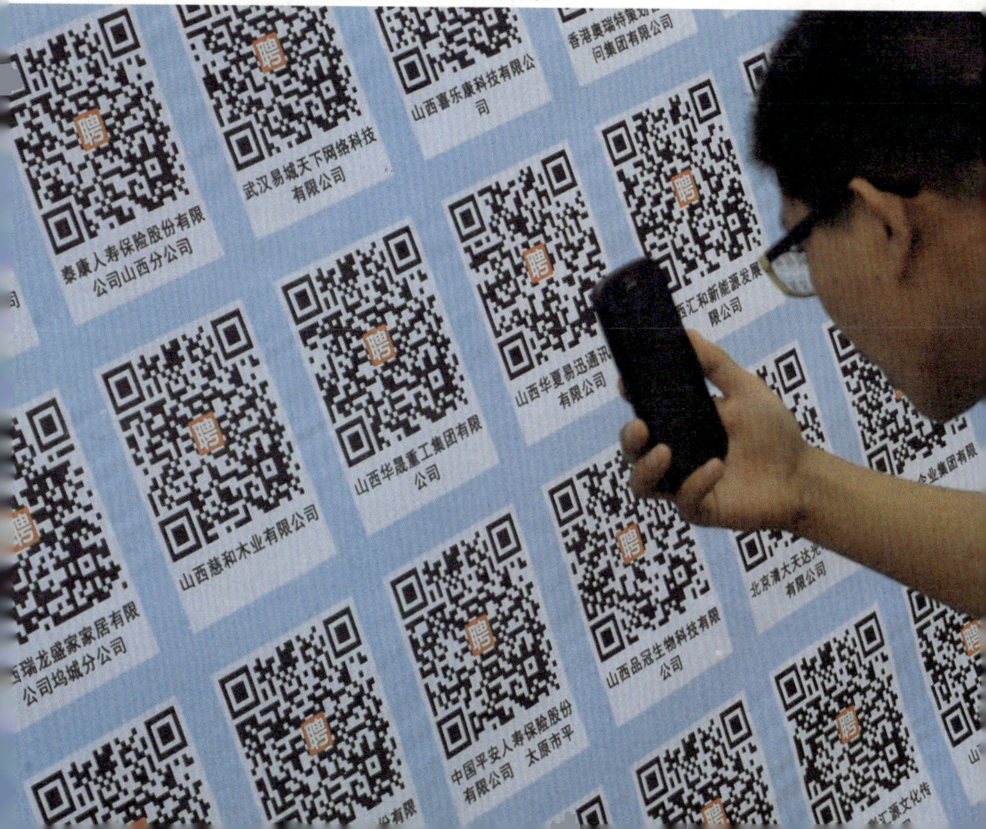

报纸

目前，中国的日报总发行量、日均发行量都位居世界第一，报纸年发行量接近500亿份，日均发行量超过1亿份。针对不同的读者群，报纸的形式也日益丰富多彩。2010年4月16号，《十堰晚报》推出“全国首份3D报纸”。

报业重组是近年来的发展趋势，目前全国范围内已组建了北京日报报业集团、文汇新民联合报业集团、广州日报报业集团等约50家报业集团。2006年，天津日报报业集团从发行终端切入数字化转型，推出国内首张卫星报，《天津日报》可和《今日美国》等报纸在39个国家同步落地，实现了报纸在全球当天发行，即时阅读。

报纸的影响力和市场竞争力随着广播电视、互联网等对报纸传媒功能的替代效应而出现下降的趋势。为了适应电子媒体的竞争，报纸的改革内容上从“新闻纸”向“观点纸”、“服务纸”转变，形态上除了发行印刷报纸外，还出版网络报纸、手机报纸等，尤其是像美国苹果公司开发的平板电脑等移动阅读终端以电子版面的形式呈现报纸，使报纸的采编流程包括排版模式乃至经营模式得以保存和延续，报业将继续发挥大众传播的功能与作用。

大型会议中的多种少数民族语言广播在进行现场直播

广播

国家广播电台——中央人民广播电台，是覆盖全国的广播电台，现办有16套广播频率，每天播音超过300个小时，全部上卫星播出；各省、自治区、市等地方行政区域，均设有自己的广播电台。

中国国际广播电台为中国唯一对外广播的国家电台，用外语、汉语普通话、中国方言和少数民族语言等65种语言向世界各地播出，每天播音4800多个小时。

电视

中国电视业已经形成结构比较完整的电视制作、播出、覆盖体系。国家电视台——中央电视台，现已拥有42个电视频道，包括30个公共频道，12个数字付费频道，开办452个栏目，2012年播出总量为34.14万小时，每天播出935小时，每天有7亿本土观众收看中央电视台的节目。中央电视台也是全球唯一一个每天用6种联合国工作语言不间断对外传播的电视媒体，目前已在171个国家和地区落地，拥有3.14亿海外用户。各省、自治区、市等地方行政区域均设有自己的电视台。

新疆电视台的维吾尔族编辑正在进行电视节目的编辑制作

2015年第三季《中国汉字听写大会》总决赛录制现场

上海电视节、北京国际电视周、中国广播电视博览会、四川电视节等大型国际电视展示活动定期举办，除评比、颁奖外，还进行电视学术交流和电视节目的进出口交易。目前，中央电视台的节目信号经卫星传送已覆盖全球。被称作“视频网站国家队”的中国网络电视台（China Network Television，简称CNTV）2009 年 12 月 28 日正式开播。该台深度挖掘中央电视台 45 万小时优秀历史影像资料，汇集全国电视机构每天播出的 1000 多个小时的视频节目；同时，将中国各个领域优秀的历史文化进行影像化、数字化保存，建立中国规模最大、影响最大的以网络视频为核心的多媒体数据库，建成中国规模最大的网络视频正版传播机构。

此外，中国新华新闻电视网（CNC）是新华社主办的跨国新闻电视台。开通的中文台、英文台 24 小时不间断播出新闻节目，主要内容涵盖以突发事件，重大政治、经济、文化事件为主的世界新闻资讯。作为一个新的国际电视传播机构，CNC 通过卫星电视、有线电视、手机电视、网络电视在亚太、北美、欧洲、中东、非洲等地播出。

出版

改革开放 30 多年，中国由“书荒”变成“书海”，报刊由“两报一刊”增至成千上万，传播方式由单一纸质变成多样载体。据统计，中国出版的书刊数量为世界第一，图书品种由 1977 年的 1.29 万种增长到目前的逾 41 万种，总印数 84 亿册（张），各类期刊 9877 种，印数 32 亿册。2007 年启动、2012 年全面展开、2014 年开始收官的新中国最全面一次古籍普查，估算出 1912 年以前的存世古籍达 20 多万种、45 万余个版本，古代典籍的文化家底正在逐渐清晰起来。2012 年出版的《中国古籍总目》，是迄今为止中国最大规模的调查与著录，1992 年该项目被列入国家古籍整理出版重点规划，历时 20 多年，于 2011 年、2012 年相继印制出版。

到目前，全国已组建了 120 多家新闻出版企业集团，新闻出版产业领域已经有 49 家上市企业。2012 年，中国新闻出版业总产出从 10 年前不到 3000 亿元跃升到 1.6 万亿元。全国 58 个省市级印刷园区总投资 210 亿元、产值 217 亿元，9 个国家级数字出版基地建设成效显著。据估计，到 2020 年，中国数字出版销售额将占到整个出版产业的 50%；2030 年，90% 的图书都将出版网版本。

为鼓励图书“走出去”，国家制定了图书对外推广计划。2006 年，国务院新闻办公室、新闻出版总署开始正式实施“中国图书对外推广计划”，2009 年，国务院新闻办公室又推出“中国文化著作翻译出版工程”。它们以传播中国优秀文化为宗旨，采取资助费用的方式，支持国内外出版机构在国际市场出版中国主题的图书，让各国读者能更完整、更真实地了解和认识中国。

按照中国对加入世贸组织的承诺，2003年5月新闻出版总署颁布了《外商投资图书、报纸、期刊分销企业管理办法》，规定从5月1日起允许外国投资者在中国市场从事书报刊零售业务；对于设立外商投资书报刊批发企业的规定已于2004年12月1日施行。该办法还明确规定外商投资设立书报刊零售、批发企业须经新闻出版总署批准。

去网上看看

http://www.gapp.gov.cn/

国家新闻出版广电总局。2013年3月22日，由原新闻出版总署、原广电总局整合而成的国家新闻出版广电总局挂牌，其管辖对象涵盖出版、报纸、期刊、广播、电视、电影等六大行业，其管理业务遍及全部传媒产业链。

北京朝阳公园书市活动

中国 2015

12

现代生活

时尚全球化给中国人的生活带来了全方位的冲击，无论是穿着打扮、休闲娱乐还是健身旅游，中国人都已经开始用国际化的眼光关注世界、表达自我。中国有许多节日，这是亲人朋友相聚的时光。每个节日都会有不同的习俗，这些风俗不仅成为节日的符号，也成为中国文化的重要组成元素。

- 流行时尚
- 体育健身
- 数字生活
- 休闲娱乐
- 旅游度假
- 节日的祝福

上海时装周品牌时装秀汇集来自英国、法国、意大利、日本以及中国众多设计师的力作。

流行时尚

昨天出现在戛纳电影节红毯秀上的一款新礼服，今天就会出现在中国的某个颁奖典礼上；韩剧中关于啤酒加炸鸡的吃法，一夜之间成为风靡中国的时尚美食；当美国的年轻人还在以玩酷跑为时尚时，中国的张家界已经开始举办世界翼装飞行大赛……一位外国朋友在北京街头望着匆匆而过的时尚男女感慨：除了皮肤的颜色不同，中国人的服饰打扮，已经和时尚之都的巴黎没什么区别。

随着中国与世界沟通交流的便利与频繁，中国的大众时尚已经与国际接轨。在意大利的米兰时装周举办各种时装发布会的同时，这些新款时装的照片已经出现在了中国的时尚杂志里。一周后，各大城市的奢侈品店的货架上就能见到它们的身影。越来越多引领时尚潮流的外国明星来到中国，他们的活动详情出现在中国的时尚媒体上，带动着中国的流行趋势。对于普通的中国人而言，穿着打扮追求个性已是生活的一部分。街头巷尾，既有时尚的性感女郎，又可见嘻哈朋克风青年；既有中国传统特色的旗袍，也有欧式风情的碎花长裙飘飘。不同身份的人，穿着打扮也体现出鲜明的个性特点。白领们身着整洁的衬衣领带，穿梭于楼宇间；商人们则是西装革履，在各大城市“飞来飞去”。人潮汹涌的中国都市，俨然成为各式服装争奇斗艳的秀场。

中西流行文化的交融

如今，全球的娱乐明星越来越多地在中国开办规模巨大的演唱会、音乐会、新片发布会，培养了一大批中国粉丝。2015年，英国流行乐超级偶像罗比·威廉姆斯全球巡演将在北京开唱。韩国偶像们更是红遍中国，来中国发展成为韩国明星的必修课。

中国人越来越注重衣服的时尚感

旗袍，永恒的中国元素。

中国人在追逐潮流的同时，也不断引领着世界新时尚。在奥斯卡的红毯秀上，中国明星一身身洋溢中国特色的礼服总会成为全场的焦点，欧美大牌明星们也会用东方情结来表达自己对时尚的追求。中国元素已经融入世界，成为流行时尚圈不可或缺的组成部分。

体育健身

过去，说起中国体育，主要是乒乓球。如今，中国体育的“小球时代”已经过去，从游泳到田径，从网球到篮球，世界顶尖运动员排行榜上，中国运动员的名字尤其醒目。2015年，第14届羽毛球苏迪曼杯赛重返中国，国际网球赛事落户中国也达到了历史最高峰。

普通的中国老百姓也比过去任何时候都热爱运动。中国的城市居民热衷于跑步，民间组织的马拉松比赛也纷纷涌现。2014年，北京、香港、厦门等地的马拉松比赛，已经达到近8万人的规模。根据中国田径协会数据，2015年，中国又将举办30多场全国性的马拉松大

城市居民热衷跑步健身

重庆南岸区，居民正用楼下的健身器材锻炼身体。

南京一所学校操场上上体育课玩球的小学生

赛。更多的年轻人进入体育馆、健身房挥洒激情，中老年人则热衷于在小区健身区或者公园里慢跑怡情。近年来，广场舞则成为“大妈们”的最爱，他们聚集在公园里、广场上，唱着歌，跳着舞。

即使在偏远的小城镇，体育运动也受到普遍欢迎。在四川会理，一个成立于上世纪80年代的拳击队，在20多年的时间里竟然获得过一百多枚奖牌，培养出几百名优秀拳击运动员。他们的故事还被来自加拿大的导演拍成了纪录片，在全国公映。现在，参加体育运动成为孩子们的爱好，并受到家长们的认可。全国各地的武术班、跆拳道班、足球兴趣班等如雨后春笋般涌现，为中国的体育事业培养优秀后备人才。

去网上看看

http://www.sport.gov.cn/

国家体育总局官方网站，由国家体育总局体育信息中心负责管理，内容包括中国体育事务方面各项权威官方信息。

http://www.olympic.cn/

中国奥委会官方网站，内容包括中国奥委会各项事务信息，并设有英文版。

http://www.sport.org.cn/

中华全国体育总会官方网站，内容包括体育事务各方面综合信息。中华全国体育总会是中华人民共和国全国群众性的体育组织，是依法成立的非营利性社团法人。

北京天坛祈年殿门前踢毽子的市民

政府非常重视发展全民健身运动。目前，中国的各大城市都建立了向公众开放的体育馆、游泳馆，在很多社区，还修建了专门的篮球场、乒乓球场和健身器械区域。中国体育事业的发展使民众的身体素质有了显著提高。据世界卫生组织最新发布的《2014 年世界卫生统计报告》显示：全球总体预期寿命在过去 22 年间增加了 6 年，中国刚好与这一水平持平，目前人均预期寿命达到 75 岁，居于发展中国家前列。随着民众生活水平的提高，体育健身将越来越成为中国人生活中不可缺少的重要组成部分。

打太极拳、放风筝、踢毽子……这些传统项目时常出现在城市的公园和广场里。在城市的公园里，风和日丽的日子，随处都能看到放风筝、踢毽子、跑步、滑旱冰、跳街舞和唱歌的人，既充满现代感，又带有传统韵味。

数字生活

中国已迅速地迈入了数字化、网络信息化的时代。不论是英特网、电信网，还是有线广播电视网、卫星转播网，数字与网络连接起了广袤的中国大地，给古老的中华文明注入了新的内涵，构建起新的数字生活文化。

在智能手机、平板电脑等移动终端大规模普及，以及随之衍生的大量应用服务产品给人民的生活带来便利的同时，数字移动技术伴随着时代的浪潮，已经很大程度上改变了中国人的生活方式。阅读新闻、玩游戏、网上购物、看电影和电视，甚至是自我表达和人际沟通都需要通过数码产品来完成。电脑和智能手机几乎成为每个人必不可少的沟通工具，甚至成为了生活必需品。

银发老人享受信息时代的美好生活

“双 11”网购狂欢节，网民在网上抢购商品。

时尚女士随时用手机给自己留下靓影

“双11”抢购

每年的11月11日，在这个被中国人认为是“光棍节”的日子，中国的购物网站淘宝、天猫、京东等就开始了线上折扣活动，这引来了如潮水般的抢购热潮。这种购物狂欢现象说明，网络购物已经成为目前中国人的购物新潮流。

网络购物成为现代中国人的重要购物方式。人们几乎可以从网络上购买到所有需要的商品，大到空调、洗衣机，小到一把蔬菜、一包盐，只需要坐在家里轻轻点击电脑，就能完成交易。几天后甚至是当天，你需要的商品就能够出现在家门口。不过，在一些体验性服务上，人们还是偏爱逛商场。在实体店欣赏或者试穿，和网上看不见摸不着的感觉还是不一样。所以，在中国城市的商圈里，每天依然人潮汹涌，商机不断。

休闲娱乐

麻将曾经是中国人最喜欢的娱乐项目之一，现在中国人的休闲娱乐方式更加多样化。阅读逐渐成为受欢迎的都市娱乐方式，每个周末，各大城市的图书馆满是读书学习的人，很多人将图书馆作为周末休闲之处。看电影、听音乐会、看话剧也逐渐成为潮流，在中国的大多数城市都有专门的音乐厅或剧院，这些地方经常迎来世界各地的演出团体 ，门票往往供不应求。

重庆市民在 24 小时大型书店阅读

咖啡馆的悠闲时光

入夜了，当喜爱安静的“小清新们”在咖啡厅里读一本小说或在剧院欣赏一部话剧时，城市另一边的夜生活刚刚开始，KTV 和酒吧里灯光摇曳生姿。KTV 和酒吧是现代中国时尚男女们的娱乐场，几乎在每一个中国城市都有它们聚集的地方。北京的三里屯、香港的兰桂坊、上海的徐汇区、云南的丽江，这些都是现代中国城市夜生活的地标。花花绿绿的 KTV 和形形色色的酒吧装点着城市的夜空，给城市增添了无穷的现代活力。

中国农村休闲娱乐方式的巨大改变

中国农民们的休闲方式早已不再拘泥于饭后聊天、看电视、打麻将等。近年来，中国政府在各地农村建起了农家书屋，鼓励农民在农闲时节阅读。不少喜欢唱歌的农民，将自己的歌声带上了全国性的大舞台，实现了成为歌唱家的梦想。甚至有农民朋友在网上购买各种零部件，在空闲时的农家晒谷场自己发明制作飞机、潜艇模型。

内蒙古希拉穆仁大草原，骑马观光好休闲。

喜欢呆在家里的“宅男宅女”，则把看电视和社交网络作为自己休闲娱乐的最佳方式。近年来，中国的娱乐节目异军突起，特别是不断推陈出新的唱歌选秀节目给无数人带来了欢声笑语。微信、微博等社交媒体继续热门，已经成为许多中国人重要的通讯与休闲娱乐工具。手机游戏也成为都市年轻人休闲的新潮流，在公交车、地铁、公司写字楼里，随处可见拿着手机上网、玩游戏的年轻人。手机已经不仅仅是一个通讯工具，更是中国年轻人重要的休闲娱乐平台。

当今中国人的休闲娱乐方式变得越来越多元与个性化。春天去郊外打真人枪战游戏、玩航模，夏天去游乐园戏水、玩极限运动，秋天外出野餐、骑马，冬天滑雪、看冰灯……这些都是中国流行的休闲娱乐方式的剪影。都市生活丰富多彩，任何人都可以找到自己的爱好所在。

旅游度假

“一次奋不顾身的爱情和一次说走就走的旅行”，这句“名言”最近蹿红于中国网络，内容正是“对人生应该有的两次冲动”的形象描述。如今，中国人对自由行走的追求如同对爱情的追求，都充满着激情与浪漫的味道。中国人一年中有将近 1/3 的休假时间，在这些时间里，旅游和探亲度假成为大多数人的首选。

随着汽车逐渐进入中国人的生活，“自驾游”成为旅游新时尚。每到假期或周末，自驾车爱好者们通过网络等各种方式组织到一起，共同制定旅行计划，通过几天的汽车旅行体验大自然的美丽风光。一些富裕的中国人开始拥有更加适合长途旅行的房车，环游世界已经不再是梦想。

赏秋

新疆阿尔泰牧场小景

骑行秀美山水间

高铁，让回家之路不再漫长。

去网上看看

http://www.qunar.com/

去哪儿网。全球最大的中文旅行平台，随时随地为旅行者提供国内外机票、酒店、度假、旅游团购及旅行信息的深度搜索，帮助旅行者找到性价比最高的产品和最优质的信息，合理地安排旅行。

http://www.qyer.com/

穷游网。一个中国留学生创立于十年前的旅行信息分享网站，宗旨是鼓励和帮助中国旅行者以自己的视角和方式体验世界。如今它已成为了上百万“穷游儿们”分享自己海外旅程的平台。

http://www.tuniu.com/

途牛网。以“让旅游更简单”为口号，为消费者提供旅行产品，涵盖跟团、自助、自驾、邮轮、酒店、签证、景区门票以及公司旅游等服务。

对于常规的旅游者而言，越来越多的人选择了出境游。出境游的目的地除了距离中国较近的东南亚等一些国家外，欧美国家也成为热门选项。

户外徒步也是受许多人青睐的旅行方式。在中国一些著名的户外网站上，大批驴友每天商议着周末的出行计划。他们往往几十人，甚至上百人通过网络聚集到一起，共同完成一次两三天的户外徒步旅行计划。这些驴友身穿冲锋衣，手持登山杖，带着干粮和其他装备，在深山中探险。

随着中国城市化的发展，探亲如今也成为人们度假旅行的重要方式。目前，许多生活在大城市的人都来自遥远的外地，每年假期他们都要回故乡看望父母和亲戚朋友。在一年一次的春节假期中，中国迎来了人类历史上规模最大的人口迁移，数以亿计的人在每年年底从大城市转移到全国各地。春节假期结束后，人群再次从全国各地涌入大城市中。

尽管城市化发展迅速，许多家庭成员分散在全国各地，但中国人的亲情观念依然十分浓厚，无论多忙，无论回家的路多么漫长，大部分人都还是会在假期赶回家团聚。

创意中华游

神州精华游

北京、陕西、上海、广东，观赏这四个省市的人文景点。

长城游

北京、河北、宁夏、甘肃，以观赏北京及三省区境内保存完好的长城景观为内容。

海韵湖光度假游

以12个国家级旅游度假区为核心的旅游区，包括海南三亚、山东青岛、辽宁大连、广西北海、福建莆田、昆明滇池等。

丝绸之路游

乌鲁木齐、西宁、银川、兰州、西安，沿古老的“丝绸之路”主线旅游。

中华健身游

上海、江苏、河北、河南、陕西，以参观体验中医的针灸、按摩，以及学习太极拳、太极剑、保健功等为主要内容。

宗教文化游

以游览著名宗教寺院为内容，包括北京、山西、安徽、浙江、四川、湖北、青海、西藏等地。

冰雪风光游

辽宁、黑龙江、吉林，主要观赏那里的雾凇、冰灯、冰雕以及民族风情，可以滑雪。

中原民俗游

山西、河南、山东、北京，以观光民俗村落、景点为内容。

西南少数民族风情游

云南、贵州、广西、四川，以观光少数民族风俗、村落、景点为内容。

江南水乡游

浙江的杭州、嘉兴、绍兴，江苏的南京、扬州、无锡、苏州等地，以体验中国南方水乡风情为内容。

奇山异水游

福建、广西、安徽、贵州、湖南、吉林、四川，以观光著名自然景观为内容。

长江三峡游

重庆、四川、湖南、湖北，以观光三峡地区著名自然与人文景观为内容。

黄河风情游

青海、甘肃、宁夏、山西、内蒙古、河南、山东，以观光著名自然与人文景观为内容。

夕阳余晖下的故宫角楼

北京，八达岭长城。

三亚海滩

吉林雾凇

水乡周庄

湖南张家界，晨光初照。

节日的祝福

中国有许多节日，在这些节日里，许多亲人朋友都会聚在一起，享受相聚的温情。其中，传统节日主要有春节、元宵节、清明节、端午节、中秋节等。每个节日都会有不同的节日习俗，比如春节全家团圆包饺子，端午节赛龙舟、扎粽子，中秋节赏月、吃月饼等。这些风俗不仅成为了节日的符号，也是中国传统文化的重要组成元素。

春节

中国历史上一直沿用农历，春节为农历正月初一，新一年的起点。1911 年辛亥革命后，中国采用公历纪年，农历新年改称“春节”，大约在公历 1 月下旬到 2 月中旬之间。春节前一夜叫“除夕”，为家庭团聚的重要时刻；许多人通宵不眠，称“守岁”。春节期间，传统的文娱活动以狮子舞、龙灯舞、划旱船、踩高跷最为普遍。

饺子象征团圆和福气

正月十五闹元宵

元宵节

农历正月十五为元宵节，亦称“灯节”，此为春节后的第一个月圆之夜。过元宵节，有吃元宵和观灯的习俗。元宵以糯米粉为皮，内裹果料糖馅，圆形是“团圆”的象征。元宵节观灯始于公元1世纪，至今仍在各地盛行。

清明节

公历4月5日前后为清明节。这是祭祀祖先的节日，人们为先人扫墓祭奠，也祭扫烈士陵墓 ，悼念先烈。清明时分，草木复萌，人们常常结伴到郊外踏青、放风筝，所以清明节有时也称为“踏青节”。

婺源江岭，清明踏青。

中秋月饼

端午节

农历五月初五是端午节。这时天气开始转热，虫害频发，端午节是为了驱虫祛病。还有一种说法，端午节是为纪念古代爱国诗人屈原而产生的。屈原（约前 340 ~ 前 278）为战国时期楚国人，因其政治理想无法实现，又无力挽救楚国的灭亡，于五月初五抱石投汨罗江自尽。此后，每年五月初五，人们都在江河上划龙舟，还用竹筒装米投入江河，以示对屈原的悼念。直到今日，民间仍保留着端午节吃粽子（用竹叶或苇叶包裹糯米做成）和举行龙舟竞渡活动的习俗。

中秋节

农历八月十五为中秋节。八月十五居秋季之中，故名“中秋”。在古代，每逢中秋，民间就以精制的圆如满月的糕饼祭奉月神；祭奉之后，全家人分吃，表示合家团圆欢聚。此种风俗，一直流传到今天。

端午粽子

中国公历节日

新年（1月1日）
国际劳动妇女节（3月8日）
植树节（3月12日）
国际劳动节（5月1日）
中国青年节（5月4日）
国际儿童节（6月1日）
中国人民解放军建军节（8月1日）
教师节（9月10日）
国庆节（10月1日）

部分少数民族节日

回族	开斋节
维吾尔族	古尔邦节
傣族	泼水节
蒙古族	那达慕大会
彝族	火把节
瑶族	达努节
白族	三月街
壮族	歌圩
藏族	藏历年、望果节
苗族	跳花节

中国 2015

13

“四个全面”与中国梦

协调推进“四个全面”，是中共十八大以来中共中央领导集体在治国理政新的实践中，提出的重大治国理政方略，确立了新形势下国家各项工作的战略目标和战略举措，为稳步推进中国改革开放和社会主义现代化事业指引了方向，为如期实现“两个一百年”奋斗目标明确了路径，展现了中华民族伟大复兴的灿烂前景。

●战略布局的重要节点 ●治国理政总框架

战略布局的重要节点

全面建成小康社会

2012 年

十八大

全面深化改革

2013 年

十八届三中全会

全面依法治国

2014 年

十八届四中全会

全面从严治党

2014 年

党的群众路线教育实践活动总结大会

治国理政总框架

全面建成小康社会——中国梦的首要目标

2012 年，中国共产党第十八次全国代表大会报告提出，确保到 2020 年实现全面建成小康社会宏伟目标的时间表，以及经济持续健康发展，人民民主不断扩大，文化软实力显著增强，人民生活水平全面提高，资源节约型、环境友好型社会建设取得重大进展等具体内涵。

大数据：中国全面建成小康社会，实现程度由 2000 年的 59.6% 提高到 2010 年的 80.1%，平均每年提高 2.05 个百分点。但到 2020 年全面建成小康社会只有不到 6 年的时间，有待艰苦的努力才能实现。

全面深化改革——实现中国梦的根本途径

2013 年，《中共中央关于全面深化改革若干重大问题的决定》中提出“全面深化改革的总目标是完善和发展中国特色社会主义制度，推进国家治理体系和治理能力现代化”，并对经济体制、政治体制、文化体制、社会体制、生态文明体制和党的建设制度改革进行了部署。

新机构：2013 年，中共中央十八届三中全会做出了成立若干个新机构的决定，其中包括全面深化改革领导小组——负责改革总体设计、统筹协调、整体推进、督促落实，习近平任组长。

全面依法治国——实现中国梦的法治保障

2014 年 10 月，通过了《中共中央关于全面推进依法治国若干重大问题的决定》，对全面推进依法治国作出全面的战略部署。

新法度：2014 年十八届四中全会召开以来，中国法治建设和改革加速推进，已经取得了明显进展，比如最高法院设立巡回法庭，设立知识产权法院，实行办案质量终身负责制和错案责任倒查问责制等。这些司法改革措施以提高司法公信力为根本尺度，既符合国情又遵循司法规律。

全面从严治党——实现中国梦的政治保证

2014 年 10 月，习近平进一步提出全面推进从严治党的要求，并对全面推进从严治党进行了部署。

反腐败：腐败是世界公认的"政治之癌"。在中国，党内一些腐败分子贪腐数额之巨令人触目惊心，有的地方甚至出现了"塌方式腐败"。2014 年，中纪委强势开展"打虎行动"，周永康、令计划等一干高官，相继落马；反腐败还将持续深入推进下去。

附录

政府网址

中国政府网	http://www.gov.cn
国务院新闻办公室	http://www.scio.gov.cn
外交部	http://www.fmprc.gov.cn/
国防部	http://www.mod.gov.cn/
国家发展和改革委员会	http://www.ndrc.gov.cn/
教育部	http://www.moe.gov.cn/
科学技术部	http://www.most.gov.cn/
工业和信息化部	http://www.miit.gov.cn/
国家民族事务委员会	http://www.seac.gov.cn/
公安部	http://www.mps.gov.cn/
监察部	http://www.ccdi.gov.cn/
民政部	http://www.mca.gov.cn/
司法部	http://www.moj.gov.cn/
财政部	http://www.mof.gov.cn/
人力资源和社会保障部	http://www.mohrss.gov.cn/
国土资源部	http://www.mlr.gov.cn/
环境保护部	http://www.zhb.gov.cn/
住房和城乡建设部	http://www.mohurd.gov.cn/
交通运输部	http://www.moc.gov.cn/
水利部	http://www.mwr.gov.cn/
农业部	http://www.moa.gov.cn/
商务部	http://www.mofcom.gov.cn/
文化部	http://www.ccnt.gov.cn/
国家卫生和计划生育委员会	http://www.nhfpc.gov.cn/
中国人民银行	http://www.pbc.gov.cn/
审计署	http://www.audit.gov.cn/

互联网上的中国（部分网站）

- 通讯社

新华通讯社　新华网	http://www.news.cn
中国新闻社　中国新闻网	http://www.chinanews.com

- 电视

中央电视台　央视网	http://www.cctv.com

- 广播

中国国际广播电台　国际在线	http://www.cri.cn

- 对外传媒

中国国际出版集团	http://www.cipg.org.cn
五洲传播中心	http://www.cicc.org.cn

- 网站

中国互联网新闻中心　中国网	http://www.china.com.cn

- 报纸

人民日报	http://www.people.com.cn
中国日报	http://chinadaily.com.cn

- 杂志

北京周报	http://www.bjreview.com.cn
今日中国	http://www.chinatoday.com.cn
人民画报	http://www.rmhb.com.cn
人民中国	http://www.peoplechina.com.cn
中国妇女	http://www.womenofchina.com

- 图书

外文出版社	http://www.flp.com.cn
新世界出版社	http://www.nwp.com.cn
华语教学出版社	http://www.sinolingua.com.cn
朝华出版社	http://www.blossompress.com.cn
海豚出版社	http://www.dolphin-books.com.cn
中国画报出版社	http://www.zghbcbs.com
新星出版社	http://www.newstarpress.com

- 出版物国外发行

中国国际图书贸易集团总公司	http://www.cibtc.com.cn

- 旅行社

中国国际旅行社总社　国旅在线	http://www.cits.com.cn/
中国旅行社总社	http://www.ctsho.com
中青旅控股股份有限公司	http://www.cytsonline.com
中国康辉旅行社有限责任公司	http://www.cct.cn
中信旅游集团有限公司	http://www.travel.citic.com

图书在版编目（CIP）数据

中国．2015 / 钟欣编．— 北京：外文出版社，2015

ISBN 978-7-119-09636-0

Ⅰ．①中… Ⅱ．①钟… Ⅲ．①社会主义建设成就 – 中国 – 2015

Ⅳ．① D619

中国版本图书馆 CIP 数据核字（2015）第 223920 号

出版指导：徐 步 解 琛

出版统筹：解 琛

撰 稿：崔黎丽 王传民 陆 宁 程 征 杨景皓 惠培培 周 彪
王振红 王奎庭 等

图片来源：新华社 中国新闻社 中国国家博物馆 人民画报社 上海外宣办 视觉中国
东方 IC 全景视觉 汉华易美 华盖创意 微图
陈 胜 陈顺国 陈卫东 陈显耀 邓 佳 董 宁 杜泽泉 方东风
郭晓勇 胡兆明 黄 辉 黄君毅 晋守贤 兰建琼 黎 红 李 涓
李晓钢 李晓英 李有祥 刘世昭 楼庆西 茹遂初 沈 影 孙树明
唐少文 屠国啸 王汝春 吴 亮 吴晓军 徐腾长 银道禄 虞向军
张书奇 周剑生 等（以姓氏音序为序）

数据来源：国家统计局 国务院新闻办公室 新华社 中国网 中国发展门户网 等

责任编辑：文 芳 蔡莉莉

图片编辑：陈丝伦 等

地图制作：北京好山河文化发展有限公司

装帧设计：北京凤焉图文设计工作室

印刷监制：冯 浩

（本书个别图片未能联系上作者，敬请与出版社联系，将及时支付稿酬。感谢！）

中国 2015

钟 欣 编

出 品 人：徐 步

出版发行：外文出版社有限责任公司

地 址：北京市西城区百万庄大街 24 号 邮政编码：100037

网 址：http://www.flp.com.cn 电子邮箱：flp@cipg.org.cn

电 话：008610-68320579（总编室） 008610-68996158（编辑部）
008610-68995852（发行部） 008610-68996183（投稿电话）

印 刷：北京飞达印刷有限责任公司

经 销：新华书店 / 外文书店

开 本：787mm × 1092mm 1/32 印张：7.75 字数：200 千

版 次：2015 年 9 月第 1 版第 1 次印刷

书 号：ISBN 978-7-119-09636-0

定 价：79.00 元
